ZHONGGUO GONGWUYUAN

GongZi ShuiPing JueDing JiZhi YanJiu

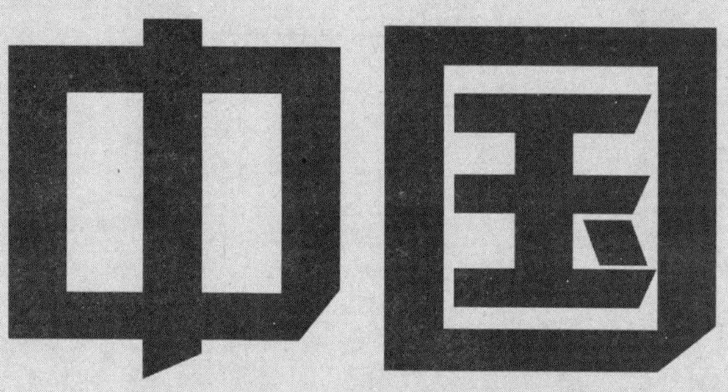

中国公务员工资水平决定机制研究

柴茂昌 著

中国财经出版传媒集团

经济科学出版社
Economic Science Press

图书在版编目（CIP）数据

中国公务员工资水平决定机制研究 / 柴茂昌著. —北京：经济科学出版社，2017.5

ISBN 978 - 7 - 5141 - 7977 - 4

Ⅰ. ①中… Ⅱ. ①柴… Ⅲ. ①公务员 - 工资水平 - 研究 - 中国 Ⅳ. ①D630. 3②F249. 24

中国版本图书馆 CIP 数据核字（2017）第 091496 号

责任编辑：宋艳波
责任校对：辰轩文化
责任印制：王世伟

中国公务员工资水平决定机制研究

柴茂昌 著

经济科学出版社出版、发行 新华书店经销

社址：北京市海淀区阜成路甲 28 号 邮编：100142

总编部电话：010 - 88191217 发行部电话：010 - 88191522

网址：www. esp. com. cn

电子邮件：esp@ esp. com. cn

天猫网店：经济科学出版社旗舰店

网址：http：//jjkxcbs. tmall. com

北京季蜂印刷有限公司印装

710 × 1000 16 开 11. 5 印张 200000 字

2017 年 7 月第 1 版 2017 年 7 月第 1 次印刷

ISBN 978 - 7 - 5141 - 7977 - 4 定价：32. 00 元

（图书出现印装问题，本社负责调换。电话：010 - 88191510）

前　言

公务员工资制度是国家公务员制度的重要组成部分，深化公务员工资制度改革、确保公务员工资充分发挥激励和保障作用，是推进国家治理现代化的重要战略之一。自新中国成立以来，如何为国家机关工作人员（国家公务员制度建立之前对党和政府公职人员的称谓）及公务员建立科学、合理、有效的工资制度，一直是党和政府非常关注的内容。六十余年的公务员工资制度发展历程写就了一部探索、发展和改革的历史。特别是改革开放以来，如何使公务员工资制度适应市场经济的快速发展，确保公务员工资能够发挥出应有的激励和保障功能，并与社会经济增长相一致，同时获得人民群众的理解和支持，成为不断加快公务员工资制度改革步伐的动力。围绕着公务员工资水平、工资构成、工资结构等关键主题，我国分别于1985年、1993年、2006年进行了三次较为显著的公务员工资制度改革，推动了公务员工资制度不断发展和完善。

但是，长期以来，我国公务员工资制度改革一直没有解决一个核心问题，那就是如何在全面、科学的理论指导下，建立科学的、民主的、行之有效的公务员工资水平决定机制。这在很大程度上导致了我国公务员工资所面临的诸多问题，例如公务员工资只能被动地由中央政府决定是否增长及增长幅度，工资调整周期偏长，机制较为僵化且缺乏灵活性；公务员工资决定机制与市场脱轨，公务员工资决定原理及运行机制较为模糊；公务员工资调整缺乏说服力，往往难以实现公务员满意和民众理解与认同的统一。在计划经济时期和计划经济向市场经济转轨的初期，公务员工资在社会中发挥了引导和示范作用，很大程度上影响了事业单位、企业的工资发放逻辑与发放水平。但是在我国市场经济已经较为成熟的背景下，市场工资决定机制清晰且被普遍认同，公务员工资水平决定机制也应该转向与市场接轨，更加科学地确定公务员工资水平。党的十八届三中全会《决定》指出，要健全工资决定和正常增长机制、改革机关事业单位工资和津贴补贴制度，从而形成合理有序的收入分配格局。政府如何科学合理地确定公务员工资水平成为未来公务员工资制度改革绕不开的关键课题，而且受到中央政府的高度关心和重视。

本书以我国公务员工资水平决定机制为研究主题，以公共管理学、经济学理论中涉及公务员工资管理的相关理论为基础，分析新中国成立以来我国公务员工资制度的发展历程以及当前公务员工资水平存在的问题，全面细致地梳理了美国、新加坡、日本和中国香港等发达国家和地区公务员工资水平决定机制及工资水平情况，并在此基础上结合我国国情提出了建立我国公务员工资水平决定机制的内容以及相应的实施路径和制度保障。

本书的主要内容共计七章，分为四个部分。第一部分是公务员工资水平决定机制的基础理论分析，包括第1章和第2章的内容。第1章是绪论，介绍了本书的研究背景、理论与实践意义、研究内容与研究方法。第2章是概念界定、理论基础和文献综述，着重界定了公务员工资的定义与范围，从公共管理理论、管理学的薪酬管理理论和经济学的劳动力供求理论出发分析了公务员工资的理论基础和指导原则。同时本章还就公务员工资及工资水平决定机制进行了全面的文献综述。

第二部分是第3章内容，梳理了新中国成立以来我国公务员工资制度的改革历程，并从制度演进过程中分析我国公务员工资水平及决定机制的特点。最后本章总结了当前我国公务员工资水平存在的问题，这正是未来建立公务员工资水平决定机制所要解决的内容。

第三部分是第 4 章内容，全面、系统地介绍了美国、新加坡、日本和中国香港等发达国家和地区公务员工资水平决定机制的内容。从总体上看，虽然由于历史传统、文化背景和政治与行政制度方面的不同，公务员工资水平决定机制存在一定的差异，但以上国家和地区都建立了运行良好的、贴近市场的公务员工资水平决定机制，具体来说，就是建立了公务员与企业人员工资水平调查和比较机制，这对我国具有极强的借鉴价值。

第四部分主要内容是提出了在我国建立科学的公务员工资水平决定机制以及相应的配套制度措施，包括第 5 章、第 6 章和第 7 章内容。第 5 章在前面研究的基础上，提出在我国构建科学的公务员工资水平决定机制，即公务员与企业人员工资调查与比较机制，提出了该机制的目标、任务、原则与具体方案。第 6 章是建立公务员与企业人员工资调查比较机制的实施路径和配套制度措施，为建立该机制提供制度保障，包括开展工资调查、完善公务员工资收入制度、完善职位管理、健全公务员工资监督机制等。第 7 章为总结与展望。

目　　录

图表目录

第一章 绪 论

第一节 研究背景与问题提出

在经历了三十余年改革开放和市场经济的长期快速发展之后，我国目前正处于全面深化改革的新阶段，如何在巩固改革开放成果的基础上适应以经济中高速增长、经济结构转型升级、创新驱动为特征的经济新常态，把握住重要战略机遇期是国家当前所面临的重要课题。从政府公共管理的角度而言，这需要建立和完善与市场经济相匹配、相适应的各项政治与行政制度，推动行政体制改革，创新和完善政府管理方式，从而使国家行政体制及各项制度与社会经济协同发展，并充分发挥出支撑和保障作用。

无论对哪个国家而言，公务员制度都是国家行政体制的重要组成部分。公务员群体是影响政府政策制定及实施有效性的重要力量，建立一支廉洁、高效、诚信以及富有公共服务精神的高素质公务员队伍对于政府提高公共管理和公共服务水平具有不言而喻的重要意义。因此，政府面临着和企业等其他社会组织相类似的任务——如何通过人力资源管理手段有效地激励组织成员共同努力从而实现组织目标。工资是现代人力资源管理的重要内容，公务员工资制度在政府目标实现过程中发挥着不可忽视的作用。公务员工资水平是否科学、合理、公平和规范，能否充分发挥激励、保障和约束作用，不仅影响着公务员队伍建设及其工作积极性，也会对全社会起到相应的引导和示范作用。特别是对于经历了由计划经济转型到市场经济的我国而言，公务员工资水平一直是改革和争论的焦点。改革开放以来，历次公务员工资制度改革都对我国公务员制度的完善、公务员人力资源管理的优化、公务员激励与保障水平的提高发挥了重要作用，但在市场经济不断快速发展、人力资源流动越来越常态化的情况下，公务员工资制度仍然面临着较为僵化、与市场相隔离的批评，并且在事实上呈现出和市场机制相分离的“二元”工资水平决定机制。从根本上说，政府、公务员、民众和社会舆论对公务员工资的各种批评，例如公务员工资不透明、工资构成不合理、福利水平偏高等，归根结底都会反映在对公务员工资水平是高还是低的争论上。因此，政府如何科学合理地确定公务员工资水平、公务员到底应该拿多少工资，是下一步公务员工资制度进一步改革的核心课题，并且已经成为中央政府非常关心的问题。中央政府已经开始着手采取全面的政策措施，推动公务员工资制度的深化改革。

2012 年以来，中央接连发布关于改进工作作风、密切联系群众的八项规定和六项禁令，对公务员工作作风和公务员管理等进行了严格规范。其中，在关系到公务员整体收入水平的公务员工资方面，实施了包括禁止滥发津贴、补贴、钱物、奖金以及不恰当的福利等多项措施，从而力图使公务员工资更加廉洁和透明。

2015 年 1 月，国务院制定颁布了《机关事业单位工作人员养老保险制度改革的决定》，决定自 2014 年 10 月 1 日起，对公务员和事业单位人员实行社会统筹与个人账户相结合的基本养老保险制度，从事实上改变了长期以来公务员及事业单位和市场相分离的养老保险“双轨制”的现状，向建立更加公平、可持续的养老保险制度迈进了坚实的一步。

2015 年 1 月 19 日，人力资源和社会保障部副部长胡晓义指出，配合养老保险制度改革，中央决定推进公务员工资制度改革，发布了公务员基本工资调整方案：一方面调整提高公务员基本工资标准（职务工资和级别工资），另一方面调整工资构成，将一部分规范后的津贴和补贴纳入到基本工资中。经过调整之后，职务工资标准由现行的 340 元至 4 000 元提高到 510 元至 5 250 元，级别工资标准由现行的 290 元至 3 820 元分别提高到 810 元至 8 480 元；同时将部分津贴补贴纳入基本工资后，津贴补贴标准相应减少，比如省部级正职到办事员，津贴减少幅度从 220 元到 650 元不等。此次是自 2006 年公务员工资制度改革以来，首次对公务员工资标准水平进行调整，并且提出，要落实公务员法要求，建立工资调查比较制度，定期开展公务员与企业相当人员工资水平的调查比较，从而科学、合理地确定公务员的工资水平，这反映出我国政府已经充分认识到公务员工资制度改革所要解决的核心问题，决定建立科学的公务员工资水平决定机制，并具体将该机制明确为公务员与企业相当人员的工资调查比较机制，来从根本上解决公务员工资水平的确定和调整问题。

在市场经济条件下，从宏观上来看，劳动者的工资水平是通过劳动力市场供求关系来决定的，而相应地，公务员的工资也应该和市场接轨。这是因为虽然政府是一种特殊的雇主，但是仍要在劳动力市场中和一般企业竞争人力资源。但在我国，在计划经济时期，一直都是政府直接确定公务员的工资，企业的工资水平则参照公务员工资来确定。但是，从计划经济转型到市场经济后，我国企业工资日益市场化，劳动力市场的价格信号功能日益明显。反倒是我国公务员工资水平的决定找不到合理的依据，这种情况就造成我国公务员的工资水平调整在现实中陷入非常尴尬的境地：一方面，长期不调薪会在很大程度上影响广大公务员尤其是基层公务员的工作积极性，甚至会影响到一部分人的基本生活。另一方面，公务员调薪的依据不明确导致社会公众对公务员调薪总是持一种怀疑甚至反对态度。由于缺乏较为科学、透明的公务员工资制度，历次公务员工资调整（基本上都是涨工资）都会引发社会舆论的广泛关注，甚至是不小的争议。问题的焦点在于公务员的工资水平是否已经足够高，提高公务员工资水平是不是会带来更大的社会收入差距导致不公平现象。我国《公务员法》第七十五条明确规定："国家实行工资调查制度，定期进行公务员和企业相当人员工资水平的调查比较，并将工资调查比较结果作为调整公务员工资水平的依据。"从发达国家和地区政府政策与公共管理实践来看，政府普遍建立了市场化的公务员工资水平决定机制，具体而言，政府公务员的工资通常则是基于企业相当人员工资调查，并与其建立平衡比较关系决定的。这对我国公务员的工资和市场接轨、建设科学的公务员工资水平决定机制有重要的借鉴意义。

本研究的基本目标就是全面、系统地探讨公务员工资和企业人员工资决定和比较方面涉及的各种基本理论问题，结合发达市场经济国家在公共部门和私营部门之间的工资调查比较机制和工资调整经验，探讨建立合理的公务员工资水平决定机制，即政府和企业人员之间的工资水平调查比较机制，探讨并分析在公务员和企业人员之间进行工资比较的基本原理，同时建立一套决定和调整我国公务员工资水平的现实路径。

第二节　研究意义

一、理论意义

公务员工资水平虽然一直是引人关注的热点话题，但以往的讨论和评价往往缺乏深层的理论分析和理论支撑。本书以我国公务员工资水平决定机制为研究目的，首先从经济学、公共管理、薪酬管理等理论出发，探寻公务员的定位、公务员工资所包含的政治性等复杂元素，厘清国家的政治环境、劳动力市场等因素在决定公务员工资水平方面发挥的作用，从中得到决定公务员工资水平的因素，为公务员工资水平决定机制提供较为全面的理论基础。其次，结合我国历次公务员工资改革历程与当前公务员工资水平现状及问题出发，全面掌握美国、新加坡、日本等发达国家和地区公务员工资水平决定机制的经验，提出构建我国公务员工资水平决定机制的政策建议和有效路径选择。

二、实践意义

在实践上，本研究是对公务员工资制度改革的一次深入探索。公务员工资水平问题已经长期成为舆论关注的热点话题，这反映出我国公务员工资收入问题复杂而敏感，社会公众对公务员工资制度以及相应社会公平问题有高度的关注。同时这也表明，我国公务员工资制度长期存在制度上的不足，公务员工资水平决定机制缺乏客观、科学和令人信服的依据，公务员工资已经成为孤立于市场分配体系之外的封闭系统，公众既难以监督，公务员自身也并不满意。

因此，本书在理论研究的基础上，结合当前国家公务员工资制度改革的政策背景，提出在我国建立公务员工资水平决定机制的政策建议和有效路径选择，并提出公务员和企业人员工资水平调查比较机制的具体内容，包括工资调查、工资比较和工资调整制度，相应的运行机制，以及实施所需的配套制度保障，从而为科学地确定公务员工资水平提供较为科学合理、现实可行的思路和方法。

第三节　研究框架与结构

本书框架与结构如图 1－1 所示。

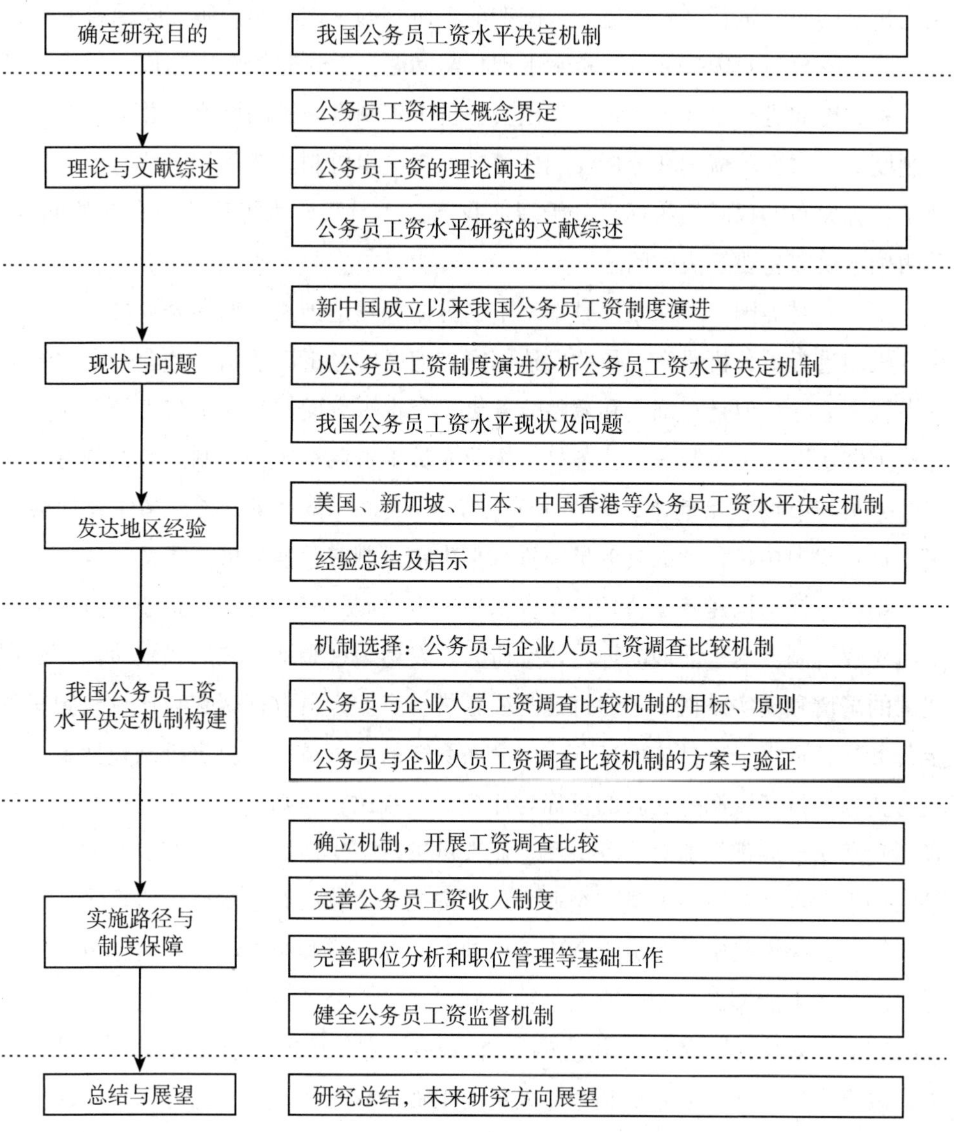

图 1－1　本书的研究框架

具体而言，本书涉及以下研究内容：

第一，概念界定、理论基础和文献综述。首先对公务员工资相关概念进行梳理和分析，明确研究的对象与内容，然后从公共管理理论、薪酬管理理论和经济学劳动力供求理论出发，分析提炼出不同理论对公务员工资的阐释、定位以及启示，从而为科学地定位公务员工资提供理论支撑。本书并对国内外对公务员工资决定机制的研究进行文献综述，力图在前人研究的基础上明确研究问题和思路。

第二，分析我国公务员工资水平现状与问题。首先分析新中国成立以来公务员工资制度演进与变迁，系统梳理出公务员工资制度演进的脉络，并从公务员工资制度的历次变革梳理和分析我国公务员工资决定机制。然后基于政府统计部门及学术界发布的权威的数据，分析当前我国公务员工资水平现状及存在的问题，并明确本研究将要解决的问题。

第三，对美国、新加坡、日本、中国香港等发达国家和地区公务员工资水平决定机制进行了分析研究。虽然发达国家和地区的经济、政治、社会、文化背景存在较大差异，但是在确定和调整公务员工资水平方面都建立了与市场接轨的公务员工资水平决定机制——公务员与企业人员工资调查比较机制。该机制有效地将公务员与市场联系起来，确保了公务员工资水平既紧随市场，又保证社会公平。这对我国构建科学的公务员工资水平决定机制有较强的借鉴意义。

第四，提出构建我国公务员工资水平决定机制——公务员与企业人员工资调查与比较机制。基于前面的理论基础研究、发达国家和地区政府实践研究，根据我国的国情和现实，提出了通过建立公务员与企业人员工资调查与比较机制来确定公务员工资水平。具体而言，一个全面系统的公务员工资决定机制包括了公务员与企业人员工资调查比较的目标与任务、调查比较原则、调查比较方案等。笔者还到郑州、成都等地对公务员和企业人员进行了实地访谈，获取了双方工资水平的一手数据，来对公务员与企业人员工资调查比较方案进行初步的验证。

第五，提出我国公务员工资决定机制的实施路径和制度保障。公务员工资水平决定机制不能够孤立于政府人事管理制度之外。公务员与企业人员工资调查比较机制的有效实施，离不开相应的制度保障。结合我国当前的环境，本研究认为，政府应尽快开展公务员和企业人员的工资调查工作，从立法方面建立起公务员与企业人员工资调查比较机制并尽快实施；全面完善公务员工资收入制度；完善政府职位分析与管理等基础性人力资源管理工作；健全公务员工资监督体系。

第四节　研究方法与创新点

一、研究方法

（1）文献研究法。根据研究目的和内容，通过查阅学术论文、著作、报刊、政府网站等纸质和电子文献来全面地获取与研究内容有关的材料，帮助提出研究假设、研究问题及研究思路。本书主要涉及对公务员工资水平决定机制、公务员工资与企业工资调查比较的理论基础以及国外相关实践方面的文献的搜集、整理以及分析和评价工作。由于我国目前在这些领域的理论研究方面比较薄弱，因此，理论研究将占据较大的比重，为了澄清很多理论问题，就必须花费大量的时间来进行文献研究，尤其是英文文献。

（2）访谈法。从文献研究中得出的一些研究问题和假设需要经过初步的验证。通过对主管公务员工资以及企业工资的政府部门、从事薪酬管理咨询业务的咨询公司以及企业人力资源管理人员进行深入广泛的访谈，征询相关各方对于公务员工资与企业工资调查比较问题的基本看法和好的建议。同时还对国外相关政府部门人员或驻华使馆的相关人员进行访谈，以进一步核实和理解国外政府在公务员工资水平决定以及与企业比较方面的历史和现行做法。

二、可能的创新点

本书从理论分析入手，力求从学术和理论角度分析公务员工资水平决定机制问题，可能的创新点在于：

第一，分析了公务员工资的公共管理、薪酬管理、劳动力供求理论的基本原理。在整个公务员人事管理制度和公务员工资制度中，本书专注于公务员工资水平决定的核心问题，从经济学、公共管理学等多维理论角度出发，从理论的角度回答公务员工资水平应该多高的问题，从多方面为公务员工资领域的研究提供理论支撑，分析公务员工资水平决定的基本原理。

第二，介绍了美国、日本等发达国家和地区公务员工资水平决定机制的实践。国内学术界以往对国外公务员工资制度的研究偏向宏观领域，对发达国家和地区政府如何确定公务员工资水平的问题上鲜有直接的阐述。本书通过文献研究全面分析了美国、新加坡等国家和地区的公务员工资水平决定机制，细致介绍了其确定和调整公务员工资水平的制度和运行机制，这对于我国建立科学合理的公务员工资水平决定机制有极强的借鉴意义。

第三，探索了我国公务员工资水平决定机制——公务员与企业人员工资水平调查比较机制。基于理论研究和国外经验介绍，本书着重从政策实施的角度，全面地设计和构建了中国情境下公务员工资水平决定机制——公务员与企业人员工资调查比较机制。该机制严格遵循了《公务员法》对公务员工资的要求，并体现了理论和国外经验对我国公务员工资决定机制构建的启示，具有较强的实践可操作性，在国内学术研究里具有较大的创新性，是本书突出的创新点内容。

第二章　概念界定、理论基础和文献综述

第一节　相关概念界定

一、公务员

公务员相对应的英文词汇包括 civil service，civil servant 和 government employee 等，相应地，与公务员相近的中文词汇包括文官、政府雇员等。国家公务员制度是现代国家民主政治制度的重要组成部分，世界上大多数国家已经建立了正式的国家公务员制度。无论在哪个国家，公务员队伍都是经济社会中重要的人力资源，担负着履行公共职责、提供公共服务和公共产品的重要责任，对经济社会发展有不可忽视的作用。

公务员较多相近的英文词汇和中文词汇表明，不同国家对公务员本身的界定还存在不一致的地方。从公务员概念的范围来看，一般可以分为大、中、小三种类型。

（1）小范围。一般而言，小范围的公务员指的是中央政府中非选举产生和非政治任命的、实行常任制的“事务官”，通过竞争性的考试录用，以英国为典型代表。虽然中国古代就产生了以科举制等特征闻名的官僚制度，但现代意义上的公务员制度发源于 19 世纪的英国。英国实行政务官和事务官相分离的制度。政务官是经过选举或政治任命而产生的政府官员，如经选举产生的政府首脑，政府首脑提名、议会任命的内阁部长等，实行任期制。事务官是通过竞争性考试、

择优录用而进入政府，长期任职、不与内阁和选举共进退的文职官员。在英国，公务员的概念一般指的是中央政府层面的事务官，范围相对狭窄。

（2）中范围。中范围的公务员，一般指的是政府行政部门中的公职人员，既包括行政部门的事务官，也包括选举或政治任命的事务官，以美国为典型代表。美国较为常用“government employee”的概念，即政府雇员。美国实行立法、行政和司法三权分立的政治体制，公务员指的是行政系统中的官员，不包括立法和司法部门的官员。值得注意的是，美国联邦政府雇员被划分为白领职业（White Collar Occupations）和蓝领职业（Trades and Labor Occupations），前者适用于通用序列分类及工资系统（General Schedule，GS），一般从事专业类、行政类、技术类、文秘类及其他类别的白领工作；后者适用于联邦工资系统（Federal Wages System），一般从事体力劳动、技艺等蓝领工作。因此，美国联邦政府公务员一般指的是联邦政府行政部门中适用通用序列（GS）的白领工作人员。

（3）大范围。大范围的公务员，指的是国家机关雇佣的、行使公共权力、从事公共管理、提供公共服务的所有公职人员，以法国为典型代表。在这种分类下，公务员的范围既涵盖中央政府层面，又涵盖地方政府层面；既包括了行政机关，也包括了立法机关（议员除外）、司法机关等公共机构的工作人员。

虽然西方对公务员范围的分类存在差异，但总体来看，公务员最显著的特点和本质特征就是受雇于公共部门（但是关于哪些公共部门的哪些种类的岗位属于公务员岗位，不同国家的界定存在差异），履行公共管理、提供公共产品和服务的职责，从而与私营部门的劳动者形成明显的区别。

我国也已经建立起符合我国政治制度的国家公务员制度。1993 年，《国家公务员暂行条例》的颁布标志着我国开始建立现代意义上的国家公务员制度。2005 年《公务员法》的通过和颁布，标志着国家公务员制度的基本形成，并进入新的历史发展时期。

根据《公务员法》，我国公务员是指依法履行公职、纳入国家行政编制、由国家财政负担工资福利的工作人员。根据《公务员法》及实施方案规定，以下各级机关中除工勤人员以外的工作人员列入公务员范围：中国共产党机关、人大及其常务委员会机关、行政机关、政协机关、审判机关、检察机关、各民主党派和工商联的机关。从以上公务员的范围来看，与大部分西方发达国家的范围界定不同，我国公务员包含的范围更广，属于“大范围”的分类，这也较为符合中国特色的政治制度和现实状况。

根据《公务员法》的定义，符合以下三个特征的工作人员才是公务员：

第一，依法履行公职。履行公职是公务员的显著特征，也是和私营部门人员的根本区别。所谓公职，是指服务于社会公众、谋求公共利益的职业或职位，目标的公益性、管理的公共性、权力的权威性是其重要特点。对公务员而言，其公职是由上述七种机关单位提供的，也就是说公务员应在以上七种机关单位中工作，从事非工勤类工作。

第二，纳入国家行政编制。行政编制是明确国家机关职能划分、机构设置、职数限额等的规范体系。值得注意的是，由于政治体制的不同，和西方国家不一样的是，我国的“行政”编制并非是指除去立法、司法部门的编制，而是基于大政府、大行政的理念将其全部包括在内。行政编制往往与同为公共部门的事业编制相对应。

第三，由国家财政负担公务员工资福利。这一特点说明了公务员工资福利的来源是国家财政，也就是将公务员的工资福利纳入到财政预算中，这样，公务员的工资福利就有了可靠的保证。由于税收是国家财政收入的重要来源，基于现代民主政府的体制，公务员工资福利的管理，包括工资水平、福利的形式种类及水平都应该受到法律的约束，并受社会公众的监督。

二、工资

在管理学中，工资和报酬、薪酬是几个密不可分，甚至往往交叉使用的概念。但由于使用目的不同、定义的范围不同，往往容易产生混乱并使人迷惑。因此，对工资的内涵和范围进行清晰、统一的界定，是分析和研究工资水平高低、进行客观公平比较的基础。基于此，本书通过厘清报酬、薪酬、工资等几个常见概念的含义，统一定义工资的内涵和范围。

首先，报酬是涵盖范围最大的概念。报酬相对应的英文词汇是 reward。一般认为，在劳动力市场中，报酬指的是劳动者通过某个组织中工作、付出时间、技能和劳动而得到的所有各种有价值的东西。通常来说，报酬可以划分为经济性报酬（financial reward）和非经济性报酬（non-financial reward），二者的区别在于是否通过金钱的形式提供给劳动者，或者是否以货币为单位进行衡量。经济性报酬包括工资和福利，其中，工资属于直接性经济报酬，福利属于间接性经济报酬。非经济性报酬包括工作的安全感、工作与生活的平衡、成长与发展的机会等。

第二，薪酬概念的界定有两种口径的区分。宽口径认为，薪酬是劳动者由于雇佣关系而从雇主那里获得的各种形式的经济收入和福利。这一概念就把直接经济报酬和间接经济报酬都归到薪酬的概念中。窄口径的界定认为，薪酬是指直接性的货币性报酬，而并不包括福利。

第三，工资一般是指因为雇佣关系的存在而从雇主那里获得的各种形式的现金性的收入，因此，实际上工资和窄口径的薪酬概念是一致的。在组织管理的实践中，工资具体包括了基本工资或固定工资、浮动工资、奖金、津补贴等各种形式的年度现金性货币收入。本书所指的公务员工资和企业人员工资，是按照此定义和内涵进行展开和分析的。

另外，从法律层面来看，《劳动法》是调节我国劳动关系的最主要的法律依据。1995 年，劳动部印发的《关于贯彻执行〈中华人民共和国劳动法〉若干问题的意见》指出："劳动法中的'工资'是指用人单位以货币形式支付给本单位劳动者的劳动报酬，一般包括计时工资、计件工资、奖金、津贴和补贴、延长工作时间的工资报酬以及特殊情况下支付的工资。"从以上对工资的定义来看，其与本书对工资的定义、工资范围的界定是一致的。

三、公务员工资

公务员工资是指纳入国家行政编制的公务员通过履行国家公职所获得的由国家财政负担的货币性收入。根据《公务员法》的规定，公务员工资主要由以下几个部分组成：基本工资、津贴、补贴和奖金。其中，公务员的基本工资分为职务工资和级别工资；津贴的种类包括地区附加津贴、艰苦边远地区津贴、岗位津贴等；同时，公务员在绩效考核中被确定为优秀、称职的，按照国家规定享受年终奖金。结合前文分析的工资的概念，《公务员法》对公务员工资范围的界定和《劳动法》规定企业工资的范围、本书对工资范围的界定是一致的，都是劳动者通过劳动关系所获得的全部现金性、货币性的工资收入。

特别需要指出的是，在研究和分析公务员工资时，应特别区分公务员工资水平和福利等其他方面收入部分的关系。公务员工资是公务员整体收入待遇的重要组成部分，但并非全部内容。例如，受到公众普遍关注的公务员所可能享有的各种非现金性福利，如医疗保险、养老保险等社会保险，住房公积金，甚至福利分房或以低价购买住房等优惠，应该和公务员工资区别开来。一方面，这些福利本身并不属于公务员工资范畴，而应属于公务员福利范畴，具有延期支付等特点，本身发挥着和工资不一样的功能，因此在研究公务员工资时应该将二者区分开来，以避免混淆问题的焦点；另一方面，某些福利在某些情况下确实产生了一定的公务员工资“替代效应”，也是公务员整体收入和全面薪酬体系的组成部分，或者说，公务员较高福利的代价往往是低水平的工资，同时使公务员能够容忍一定低工资的重要因素之一是高福利。除此之外，相比于一般企业人员，公务员职业的工作稳定性、高社会声望等非经济性报酬也是较为突出的。如果研究公务员工资不考虑福利等其他报酬部分，就无法真正做到公正与公平，未免有失偏颇。因此，在进行本研究时，将一方面对公务员工资的定义和范围进行清晰的界定，另一方面在研究公务员工资水平决定机制时要全面考虑其他薪酬方面如福利对公务员工资水平产生的影响。另外，对于所谓的灰色收入、腐败性收入，其本身已属于非法收入，而且占公务员绝大多数的基层公务员所获得所谓灰色收入和腐败性收入的程度也很低，因此本书不对其纳入公务员工资的考量。

四、公务员工资水平决定机制

公务员工资水平是指公务员通过履行国家公职所获得的由国家财政负担的货币性收入总和，更具体来说，要统计和计算公务员总的工资水平，既要统计公务员的基本工资（包括职务工资和级别工资），也要把津贴、补贴和奖金等货币性收入全部纳入进来。

公务员工资水平决定机制是指通过什么样的运行机制来解决确定公务员工资水平的问题，也就是公务员一年应获得多少工资总额。公务员工资水平机制是一套运行体系，需要在厘清有哪些因素决定公务员工资水平的基础上，根据客观经济发展状况、政府公共管理的理念和价值观，合理地确定各级别公务员工资水平。在市场经济条件下，企业人员工资水平决定机制通常是通过采取职位评价确定内部职位等级、进行工资调查确定职位等级的工资水平。大体上发达国家和地区政府也普遍采用类似的市场化工资水平决定机制来决定公务员工资水平。

根据《公务员法》及2006年公务员工资制度改革方案的规定，我国目前实行公务员职务级别工资制。具体来说，公务员的基本工资包括职务工资和级别工资两个部分，公务员的职务与级别是决定公务员工资及其他待遇的依据。职务工资主要体现公务员的职务水平的高低和工作责任的大小，每个职务级别都有相应的工资标准，从办公室科员到国家级正职共计12级，工资标准为340～4 000元，具体参见表2-1。级别工资主要体现公务员的工作实绩和资历水平，公务员的级别共分27级，每级各自包含1～14档不等的工资档次，工资标准从最低的290元延伸至3 820元。从以上规定来看，就本身应该占据较大比例的基本工资而言，当前我国公务员的工资水平决定因素为公务员本身的职务和级别。从当前来看，公务员工资水平的决定机制局限在中央政府每隔数年（例如1993年、2006年、2015年）对公务员职务工资和级别工资表进行调整，而该调整本身并没有建立起规范的、形成制度惯例的运行机制，缺乏规律性。

表2-1　　职务工资标准表

职　务	工资标准	
	领导职务	非领导职务
国家级正职	4 000	
国家级副职	3 200	
省部级正职	2 510	
省部级副职	1 900	
厅局级正职	1 410	1 290
厅局级副职	1 080	990
县处级正职	830	760
县处级副职	640	590
乡科技正职	510	480
乡科级副职	430	410
科　员		380
办事员		340

第二节　公务员工资的理论基础

公务员工资涉及管理、经济、政治等多重内涵。一方面，公务员工资制度属于政府作为“雇主”进行公共管理、人力资源管理的范畴；另一方面，公务员工资又是政府作为雇主在劳动力市场与其他组织进行人才竞争的重要手段，受到市场工资水平的影响；再次，公务员工资是公务员制度的重要组成部分，属于国家政治制度和国家治理的内容，要受到民众的监督，因此不可避免地具有政治内涵。

正如我国台湾学者林文灿所言，公务员工资“具有伦理（善用有限预算经费，延揽适格的优秀人才，提高施政质量；抑制用人费成长，将待遇成本之消费性支出本质转化为生产性支出；有效保障员工待遇权益，去政治干预）、经济（维持员工实质生活水平及政府的主要消费性支出）、社会（员工社会地位及社会公平之维持）、政治（有限价值的权威性分配）以及管理（激励员工士气及落实政府整体绩效）等多元价值意涵，其实践胥赖公平、合理及绩效导向的理想待遇制度，方足以致之”。①

因此，基于公务员工资的多重价值取向，有必要探寻公务员工资的理论基础，从各个理论的视角分析公务员工资是什么、为什么以及如何看待公务员工资的价值观，从而对确定公务员工资机制提供有价值的启示。

一、公共管理理论

（一）职业保障：早期公共管理学者提出的公务员工资原则

公务员工资制度是国家公务员制度的重要组成部分，探讨公务员工资应从分析国家公务员制度及公务员的职业特征开始。从西方发达国家公共管理理论与实践发展历程上来看，英国、美国等国公务员制度的发展经历了由政党分肥/分赃

① 参见林文灿：《公务人员待遇调整制度之研究》，中国台湾“行政院”人事行政局研究报告，2010年。

制向功绩制的转变。1870 年，英国为反对传统的恩赐制而首先确立并实行了功绩制。此后，美国国会于 1883 年通过了在文官制度中实行功绩制的基本法——《彭德尔顿法案》，该法案在法律上正式确立了功绩制原则，标志着美国联邦公务员制度的诞生。基于功绩制原则建立起的公务员制度，从制度上确定了政府对公务员的定位，从而决定了公务员工资制度的基础轮廓：公务员制度力图将公务员打造为一种职业，在“政治—行政二分”原则指导下确立公务员在政党政治中保持中立的立场，实行公务员常任制，推行公务员职业保障，力图将与所谓民选官员相区别的公务员打造成为值得政府和公民信赖和尊重的职业队伍。功绩制原则对公务员工资带来了两方面的影响：第一，在“政治—行政二分原则”的指导下，避免事务类公务员卷入政党政治和政治纷争，事实上是努力打造出一支职业化的专门负责“执行国家意志”的公务员队伍，同时为其实施充分的职业保障。具体到公务员工资而言，要为公务员支付和私营部门雇主支付的工资水平类似的工资水平，保证公务员的生活水平并以较高的工作效率进行公共管理和提供公共服务。第二，为公务员提供全面的职业保障（工作稳定性等）的同时，也突出强调公务员职业的公共服务精神，即预期公务员该种职业将作出工资方面的牺牲来换取为公民服务的机会，因此，政府更有可能对公务员工资采取所谓“工资滞后”的战略，而并非像企业那样提供超出平均水平的高工资。

从公共管理理论发展来看，公务员工资都是公共管理学非常关注的研究领域。早在 19 世纪末，行政学创始人伍德罗·威尔逊在开创性的《行政学研究》中就提出，为了激励政府官员更好地以尽可能高的效率和尽可能少的金钱或人力上的消耗来实现政府职能，就要“通过给与政府官员大量生活费用补助来使这种服务引起他最普遍的兴趣，通过发展他的前程使这种服务成为他最珍视的兴趣，通过提高他的营养和培养他的性格使之成为他最崇高的兴趣”。[①] 威尔逊强调了公务员工资的重要性，以及要向公务员支付“大量”的工资以确保公共服务的质量。

韦伯的官僚制理论奠定了现当代公共组织的基础，其提出的官僚制原则也都应用在了政府公共管理的实践中，其对官僚制组织的人事行政问题也有较多篇幅的描述，其中就指出：“组织应当具有明确固定的货币工资制度，工资标准基本

① 丁煌：《西方行政学理论概要（第二版）》，中国人民大学出版社 2011 年版，第 11 页。

上是根据人员在等级系列中的级别、职位的责任大小以及年资和社会地位来确定的”。[①] 这种工资制度正是和职位工资体系所吻合的，美国等西方国家也都相继建立起以职位为基础的工资体系，避免工资管理中的随意性和不公平性。莱纳德·怀特对这种职位为基础的工资体系进行了总结：“工资的多少应该根据所完成的工作加以确定；实行同工同酬，同一等级的行政人员享受同一等级的报酬；必须按照现代标准改进工资政策，实行公平的报酬；确定生活消费的公平报酬”。[②] 这种以职位为基础的工资制度既要根据公务员的职位内容确定工资水平，避免工资管理中的随意性，又要充分考虑到生活消费、公务员社会地位等市场因素，充分体现了工资内部管理与外部公平的统一。基于传统和经典的公共管理的理论，美国等西方国家建立了职位工资体系，到今天一直保持了基本的框架。

总之，无论是公务员制度的产生和发展，还是早期公共管理学者的理论，都提出了公务员职业保障原则，即为公务员提供充分的职业保障，激励公务员提高公共管理和公共服务的效率和质量。具体而言，公务员职业保障要求公务员工资标准应建立在公务员从事的工作内容的基础上，并充分参照生活成本、社会其他职业工资水平等外部因素。早期的实践探索和理论研究既对公务员工资提出了原则性要求，也由此指出了落实职业保障原则的大体路径。

（二）内部管理效率和外部社会公平：公务员工资的内在矛盾

如何将职业保障原则落地是重要的现实问题。实际上，无论是公共管理学者还是实践者很快就发现到了公务员工资的特殊性和复杂性，即与私营企业人员工资不同，公务员工资并不是单纯的组织管理问题，它兼具有管理属性和政治属性。这种双重属性从根本上决定了公务员工资的内在矛盾和紧张：既确保公务员工资的内部管理效率的要求，吸引、保留和开发优秀的人力资源，又要充分考虑社会公众对公务员工资的公平性感知。

1. 内部管理效率：自由劳动力市场对政府的必然要求

从公共管理理论发展早期来看，威尔逊奠定了公共行政研究的管理主义取向，并成为美国和西方公共行政研究与实践主要的价值取向。“行政应该处于政

① 丁煌：《西方行政学理论概要（第二版）》，中国人民大学出版社 2011 年版，第 30 页。
② 丁煌：《西方行政学理论概要（第二版）》，中国人民大学出版社 2011 年版，第 57 页。

治领域之外，行政问题不是政治问题”。① 从威尔逊、怀特等早期公共管理学者一直到新公共管理运动，公共管理的“管理主义”都强调利用企业管理的技术和方法，提高组织效率，解决行政执行问题。因而，包括公务员工资管理在内的政府公共行政都是努力与“政治”相分离的。与企业人员工资功能相类似，公务员工资是政府对公务员提供公共服务的最基本的回报方式，也是公务员最重要的生活来源，公务员的工资对公务员个人与政府之间的关系进行了量化，收入的高低很大程度上衡量着公务员的价值、社会购买力乃至个人的自尊心，从经济、社会和心理上都会对公务员产生影响。② 在公务员的工资管理过程中，政府作为雇主，实际上承担着和劳动力市场中其他雇主一样的角色，即综合运用科学的薪酬（工资）管理的理念、方法来吸引、激励和保留优秀的人才，实现政府的使命和目标。所以，政府可能要努力地把工资和公务员的职位、绩效联系起来，努力地使公务员的工资具有市场竞争性等。换句话说，公务员工资的管理属性意味着政府要按照企业管理的方式、按照工资管理的原则发挥工资的职能和作用。

2. 外部社会公平：政治因素对政府决策的影响

政府和企业之间存在着本质的不同，公务员作为一种相对特殊的职业，从根本上决定了公务员工资天然具有政治属性。威尔逊虽然强调行政与政治相分离，但是同样认为宪政主义是公共管理研究的重要思想来源。公共管理的宪政主义意味着公共管理要以推进民主为已任，要在关注效率的同时更加注重公平、正义、自由和责任等价值观。新公共行政学派便认为，政治与行政的分离是不现实的，“行政组织不是处于政治的外围边缘，而是处于政治活动的主流地位，公共行政学必须从狭隘的行政过程的研究中脱离出来，转向更广泛地关注民主社会中的政策规划、社会价值、合法化和控制”。③ 和一般企业不同，政府的管理行为具有公共性，其内部人力资源管理亦然。公务员的工资不仅和公务员有关，作为公共管理的一部分，公民也对公务员的工资有一定的话语权，由于纳税人意识和对政府深深的怀疑，公民往往很容易并乐于接受公务员工作轻松、工资偏高的观点。

---

① 杨宏山：《宪政主义、管理主义和政策主义》，载于《国家行政学院学报》2004 年第 11 期，第 33 ~ 37 页。

② 埃文・伯曼、乔纳森・韦斯特著，肖鸣政译：《公共部门人力资源管理》，中国人民大学出版社 2008 年版，第 174 页。

③ 杨宏山：《宪政主义、管理主义和政策主义》，载于《国家行政学院学报》2004 年第 1 期，第 33 ~ 37 页。

根据公共选择理论，包括公务员在内的政府官员也符合“经济人假设”，他们也追求自身利益的最大化，“他们总是希望不断扩大机构规模，增加其层次，扩大其权力，以相应地提高其机构的级别和个人待遇，同时也使他们去制订更多的规章制度，增加自己的俸禄和享受”。① 因此，政府在确定公务员的工资水平、工资结构等一系列问题时，并不能只考虑管理层面的因素，还要考虑更多诸如政治环境、财政预算、社会反应等方面的因素，同时可能本身对公务员工资有更加独特的定位。因而在政府现实的实践中，工资的支付往往出于政治上而非经济或管理上的考虑，工资政策往往成为“政治利益的牺牲品，工资更多地被政治机会主义而不是客观的业绩所左右”。② 很多政治家为了迎合民众或出于其他方面的政治考量而在公务员工资水平上进行有意的压制，例如，“美国总统常常利用法律规定的例外条款，来减少联邦公务员工资增长幅度，以至于联邦白领雇员 1978 年到 1990 年期间都没有按照上报给总统的达到私人部门工资可比水平的需要增加工资，使得本应增加而没有增加的联邦工资累计接近 30%”。③

在公共管理“管理主义”和“宪政主义”的交互影响和指导下，西方国家在借鉴企业管理的基础上确定了符合各自国家政治和文化传统的公务员工资制度。以美国为例，基于早期公共管理原则和理论建立的公务员工资管理制度显示出了较大的稳定性和对当时政治社会环境的适应性，形成了以通用工资表为基础的职位和工资体系，并通过 1962 年《联邦工资改革法》等多项立法确定了联邦公务员工资管理的原则和政策。

到了 20 世纪 70、80 年代，传统的工资管理制度越来越面临着较大的批评和指责，无法适应更加灵活和复杂的形势发展。例如，对美国公务员工资管理的批评主要集中在两点：一是缺乏外部公平性，即公务员的工资水平和私营部门员工相比始终处于偏低的状态，导致公务员的满意度较低、人员流失现象明显；二是缺乏内部公平性，公务员的工资和绩效相关程度低，无法激励公务员为提升自身绩效水平而努力。公务员工资管理的内部公平和外部公平的缺失，使得公务员工

---

① 丁煌：《公共选择理论的政策失败论及其对我国政府管理的启示》，载于《南京社会科学》2000 年第 3 期，第 44 ~49 页。

② 伯曼，鲍曼，韦斯特，沃特：《公共部门人力资源管理》，中国人民大学出版社 2008 年版，第 165 页。

③ 詹姆斯·费斯勒、唐纳德·凯特尔：《公共行政学新论——行政过程的政治（第二版）》，中国人民大学出版社 2013 年版。

作的积极性受到压抑，而这两点恰恰都和通用工资表（GS）有关，因此有人甚至宣称通用工资表已经过时了。

在新公共管理运动浪潮下，政府采取企业管理的工具、方法来提高政府公共管理的效率成为运动方向，美国、英国等西方国家掀起了轰轰烈烈的重塑政府的运动。新公共管理运动中的政府管理实践内容包括：政府掌舵而非划桨，提倡公共服务市场化，把政府作为组织、协调者而非唯一的服务提供者；突破官僚主义和繁文缛节，提高行政效率；确立纳税人为顾客的思维；改变层级过多、权力集中的行政管理体制，强调授权；强调政府公共管理的效果，引入成本效益的理念，改变只讲投入、不讲产出的行为方式。① 应该来说，公务员队伍作为新公共管理运动“改革”的对象，更是改革的实施主体，因此新公共管理运动对公务员管理、公务员的行为方式提出了新的要求和挑战。在这样的背景下，欧美国家对公务员的工资制度也进行了突破和改革。与此相对应的是，面临公务员工资管理在实践中面临的诸多问题，西方公共管理学界对公务员工资管理的研究也从较为传统的原则研究变得更加广泛而细致，更加关注公共管理改革中的工资制度。如何激励公务员具备企业家的精神、如何在放松对公务员规制的基础上提高公务员的产出结果，更是需要公务员的工资方面进行改革和努力。政府的各项改革，都离不开公务员的贯彻和执行。可以说，在一个个大的政府改革背后，是更多的相对细微的公务员人力资源方面的变革，薪酬管理对人力资源方面的支撑，也就支撑了政府改革的路径。公务员工资管理方面的变革是新公共管理运动中非常重要的一支。

以美国为例，在解决公务员工资的内部公平方面，公共管理领域的改革者和学者进行了大量的研究和实验，主张采用企业常用的宽带薪酬（Broadbanding）来提高公务员工资的灵活性，采用绩效工资提高工资的激励性。美国新公共管理改革中的实验工程中，包括国家标准和技术研究院等机构被赋予了较大的工资改革的权力，因而针对传统的工资制度进行了大量的绩效工资、宽带薪酬等方面变革，收到了较好的实践效果。Howard Risher（2005）就认为，国防部和国土安全部的工资实验表明，以宽带薪酬为基础的薪酬管理新模式已经得到了认可和应用，而宽带薪酬和绩效工资是密不可分、相辅相成的，这种新型的薪酬管理模式

① 吴志华：《美国公务员制度的改革与转型》，上海交通大学出版社2006年版，第32页。

更加市场化，且涉及了深层次的政府内部工资文化的变革①。

在解决公务员工资的外部公平方面，美国研究的焦点集中在公务员工资与企业工资水平差距上，并形成了不同的比较和计算方法。公务员工资的外部公平本质上指的是公务员的工资水平与政府外部的企业人员进行比较、分析高低的问题。美国虽然颁布了《联邦工资改革法》等多部法律，提出联邦公务员的工资要和私营部门员工进行平衡比较，采取追随的政策，但是在现实中联邦公务员的工资水平仍面临较大的挑战，外部公平和平衡较难兑现。从方法论的角度来看，在美国研究联邦公务员与企业相当人员工资比较问题主要有两种方法：人力资本法和职位分析法。人力资本法就是要控制尽可能多的那些能够影响工资的相当人员个人特征因素，不仅仅是要证明这些个体特征因素对工资的影响，更是要将尽可能多的特质因素作为控制变量包含在研究模型中，以消除不同相当人员所处部门对研究造成的影响。职位分析法基于不同部门中职位的职责和责任，比较在类似职位上相当人员的工资。采用两种分析方法得到的结论迥然相异，例如总统薪酬管理办公室的研究认为公务员工资水平和企业人员相比普遍偏低，美国企业研究所的研究则认为学士学位以下的公务员的工资水平和企业人员相比是偏高的，而硕士及以上的公务员的工资水平比企业人员低。总之，对公务员外部工资水平的研究结论是较为复杂的。

二、薪酬②管理理论

薪酬是劳动者通过为组织提供劳动而从组织获得的经济报酬，对绝大多数劳动者而言，薪酬是最重要、最稳定的经济来源，对劳动者及其家庭发挥了其他收入和保障手段都难以替代的经济保障以及激励功能。工资作为总薪酬组成部分的主体，对劳动者的生活水平、社会地位等都产生了重要影响，是劳动者最为关注的组织管理内容之一。因此，组织如何有效地管理员工的薪酬并使之发挥吸引、激励和保留人才的作用，是组织人力资源管理体系的重要组成部分，与其他人力

---

① Risher H. How much should Federal employees be paid? [J]. Public Personnel Management, 2005, 34 (2): 121 - 140.

② 本处“薪酬”指的是狭义的薪酬，即和工资的范围、概念一致。具体的薪酬、工资等概念的划分见上文。

资源管理的职能共同推动着组织使命、价值观、愿景和战略目标的实现。也正因为薪酬对于企业和劳动者的举足轻重的地位和作用，几乎所有的组织都在薪酬管理方面倾注了大量精力和心血。

随着竞争的加剧，组织越来越发现，如果仅仅把薪酬管理活动当作技术层面的内容的话，就很难回答这样的问题："这些看似科学合理的薪酬管理技术能否有助于组织战略目标的实现?"因而，"传统薪酬战略在激励员工的目标上是单一的，手段上是匮乏的，效果是不明显的"，① 可能只能满足向员工发放薪酬和基本的保障功能，无法有效激发员工的积极性、主动性和创新性并提高员工的满意度。这样的薪酬战略实际上无法称之为"战略"，因为它没有发挥出战略功能，不能够确保薪酬战略为组织战略目标的制定、执行乃至实现发挥支持作用。在这样的背景下，战略性薪酬管理应运而生，其核心就是在组织使命、愿景和战略的指导下，通过战略性薪酬决策帮助组织赢得并保持竞争优势、实现组织战略。将薪酬管理视为战略性活动，意味着薪酬管理已经不再是赫茨伯格所称的"保健"因素，更不应是简单的"支付工资"的活动，其作用和影响会影响到组织整个人力资源管理系统乃至组织的战略目标。

组织对薪酬战略性和灵活性等方面的要求，使得组织重新审视薪酬的概念及其构成。传统的薪酬管理较为僵化和简单，把薪酬的定义界定为基本工资、奖励性工资（浮动工资）和福利，着重强调稳定性和一致性，在激励性和灵活性方面存在较大的缺陷。最为关键的是，传统的薪酬管理把组织激励和吸引员工的要素仅仅局限在工资等可以用货币来衡量的报酬上，即所谓的货币性或经济性薪酬。随着人才竞争的加剧，企业开始发现，仅仅依靠工资和福利已经不能够保障赢得人才战争了，因此开始突破传统薪酬概念的局限、用更为开阔的眼界来看待人才的吸引、保留和激励，充分运用各种可能的要素来硬的人才战争，在这样的背景下，全面报酬的概念浮出水面，超越了传统的薪酬，形成了全面报酬（Total Rewards）体系。最具代表性的就是美国和加大大薪酬学会的全面报酬模型。

所谓全面报酬，就是指组织能够用来吸引、保留和激励员工的各种可能的工具，包括员工认为他们从雇佣关系中能够获得的所有有价值的东西，包括货币性

---

① 冉棋文、王胜华、吴明星：《全面薪酬战略——知识型员工激励机制》，载于《西南交通大学学报（社会科学版）》2004 年第 1 期，第 37 ~41 页。

和非货币性的收益。具体而言，全面报酬模型包括五种关键要素："薪酬、福利、工作和生活的平衡、绩效管理与赏识和认可、开发和职业发展机会"。① 除了传统的薪酬和福利外，工作和生活的平衡指的是为帮助员工在工作和家庭中都取得成功而提供支持活动的一系列组织管理实践、政策、计划以及理念；公平有效的绩效管理体系既是组织成功的关键要素，也反映出员工希望组织能够及时评价、认可、反馈员工的绩效水平，从而获得工作成就感；开发和职业发展机会是指组织帮助员工应用技能和能力、实现职业目标而付出的努力。全面报酬战略就是要将五种关键报酬要素加以组合形成定制的激励系统，从而实现对员工的最优激励。全面报酬模型及战略对传统的薪酬管理的一大重要突破在于，在传统的经济性报酬之外纳入了内在报酬的考量，即充分重视员工社会和心理方面的回报，反映了薪酬哲学的改变和组织更加注重员工的需求及其满足情况。

当然，无论是传统的薪酬管理，还是以全面报酬模型指导的战略性薪酬管理，也无论薪酬的种类多少、复杂或简单，都要解决一个核心问题，就是薪酬管理的公平性。"公平理论——在个人的贡献和组织给予的奖励之间实现平衡——是绝大多数薪酬方案的基础。"② 公平性是劳动者对于组织薪酬管理的公平性看法或感知。组织的薪酬管理包括了组织对所有劳动者提供的劳动和服务来确定其所应当获得的薪酬水平、薪酬结构等过程。公平是薪酬管理中追求的重要价值观，也是衡量与评价薪酬管理的重要标准，特别是在确定劳动者的薪酬水平时，要特别注重实现公平性的目标。西方学者对管理、特别是薪酬管理中的公平有较多的关注与研究。

在管理学理论与实践中，公平更多的是人对公平性的感知，即公平感。美国管理学者业当斯提出的公平理论奠定了管理学中研究公平的基础。公平理论的研究内容是员工获得的收入回报水平对员工工作态度乃至行为产生的影响，认为组织的员工不仅关心自己的绝对收入水平（即工资的绝对数额），而且更加关心自己的相对收入水平（即将自己的收入水平与参照对象进行比较的结果）。员工往往将自己的投入与产出水平和参照对象进行比较，比较得出的结果会影响到员工的公平性感知，进而决定未来是否应该增加、减少还是维持自己的投入水平，甚

---

① 刘昕：《薪酬管理（第三版）》，中国人民大学出版社 2011 年版，第 30 页。

② 伯曼，鲍曼，韦斯特，沃特：《公共部门人力资源管理》，中国人民大学出版社 2008 年版，第 175 页。

至可能会产生离职的行为。在这里，参照对象是一个重要变量，在员工收入和付出固定的情况下，参照对象不同，比较的结果就可能不同，对员工产生的影响也因而不同。在亚当斯公平理论中，参照对象分为三种类型："他人"、"制度"和"自我"。其中，"他人"是指员工的同事、同行、朋友和邻居等和员工有某种关系的人；"制度"是指员工的组织中的报酬政策与程序；"自我"主要是指员工自己过去在工作中的付出与所得的比率。这就意味着，员工在付出并得到收入后，他可能与"他人"或"制度"进行横向比较，也可能与"自我"进行纵向比较，进而判断自己报酬的合理性与公平性。

在员工进行比较的众多的要素（例如工资水平、工作环境和条件等）中，工资无疑是被绝大多数人视为最关键的因素。如果员工感到自己的比率与他人相同或类似，就会产生公平感；如果感到二者的比率具有较大差异，就会产生不公平感，即认为自己的工资水平过高或者过低。当出现不公平感时，员工就会试图采取措施改变不公平的状态。特别是当员工认为工资偏低时，往往会减少工作投入，甚至离职，给组织造成较大的伤害。

基于公平理论，一般认为，组织的薪酬管理要实现以下四个方面的薪酬公平性的要求：第一，薪酬的外部公平性要求。薪酬的外部公平性也可以称为薪酬的外部竞争性，即劳动者往往会将本人的薪酬与劳动力市场或其他类似组织从事类似职位的劳动者的薪酬进行比较。第二，薪酬的内部公平性要求。薪酬的内部公平性也可以称为薪酬的内部一致性，即劳动者往往将本人的薪酬与组织内部其他职位的劳动者的薪酬进行比较。第三，绩效薪酬的公平性。绩效薪酬作为可变薪酬，体现了组织为劳动者绩效付酬的态度，劳动者往往将本人的薪酬和组织内部从事类似职位的劳动者的薪酬进行比较。第四，薪酬管理过程的公平性。组织薪酬管理过程和薪酬政策的实施方式甚至相关的态度都会影响到劳动者对获得薪酬水平的公平性感知。

对于公务员工资而言，公务员也处于劳动力市场中，也会就工资问题进行类似的比较。公务员往往会选择三种不同类型的参照物来进行工资比较：第一，公务员工资的外部公平性，也就是公务员工资与社会中其他类型组织中从事类似工作的人员的工资相比是否具有竞争性。正如如前文所述，伴随着对公务员工资的争议，这一问题日益突显出来，这恰恰是本研究所要解决的问题。第二，公务员工资的内部一致性。从我国当前整体情况来看，主要存在基层公务员工资水平偏低、影响工作积极性的问题。第三，公务员绩效工资的公平性。这一问题是目前发达国家改革公务员工资制度的重点。因此，就本研究而言，着重研究和分析公务员工资的外部竞争性，即公务员与社会上其他职业的人员工资水平比较情况。

根据公平理论的逻辑思路，公务员就自身的工资水平与社会上其他职业的人员（特别是企业中从事类似职位的人员）工资水平进行比较后，如果认为自己的工资水平是过低的，就极有可能产生不公平感，进而，感到不公平的公务员将会采取以下三种方法来尝试提高公平感：第一，减少工作投入，例如降低工作努力程度乃至消极怠工。第二，产生通过不正当手段来增加个人收益的动机并采取相应的行为，例如寻租、侵占公共利益等。联合国有调查表明，许多发展中国家公务员过低的工资水平与普遍存在的贪污腐败现象具有一定的相关性。第三，辞职离开公务员队伍。根据以上分析，三种试图恢复公平感的行为都会对政府的绩效水平、公共管理和服务的改善，甚至执政能力建设产生较大的损害。

与一般的企业内员工反生产行为相比，政府本身具有较大的特殊性，无论是政府的内部管理还是外部管理行为都和公共利益紧密联系。因此，在公务员认为公务员工资存在不公平的情况下，其试图恢复工资公平感所进行的不合理行为，所产生的负面影响往往会超出组织本身的范畴，影响到公共利益和普通公民。从现实情况来看，直接和民众打交道、提供公共服务的基层公务员往往会采取第一种方式来弥补公平感缺失。这些公务员工作积极性的降低、消极懒政的出现，会直接影响到政府部门的办事效率和水平，影响政府在公民中的形象，极容易使民众产生政府官僚气息浓厚、对上负责不为公民负责的恶劣印象。而级别较高、掌握一定权力的公务员由于职位的关系，往往倾向于采取第二种方式，利用职位权力谋求个人利益，甚至是通过权钱交易的方式，获取不正当的收入，加倍弥补了工资水平。可以说，公务员工资水平过低是诱发腐败现象的重要原因之一。同时，就第三种方法而言，往往是心有抱负、不甘于现状的公务员才会作出辞职离开政府的选择，很大程度上是本应有所作为的人才。这些人才的流失对于政府提高公共管理水平乃至对于整个社会而言都是一种较大的损失。

当然，鉴于政府及公务员的特殊性，在讨论公务员个人公平的同时，也必须考虑社会公平问题。公务员作为行使国家权力的一个特殊群体，与其他职业群体的比较也是情理之中。同样是基于公平理论，考虑到公务员的薪酬来源于税金，广大纳税人也会自觉地将公务员的整体薪酬水平的高低与社会其他各类人员相比，其比较结果同样也会产生较大的影响。在民主国家，纳税人可以通过多种手段和渠道来表达自己的意见或不满。

同时，根据全面报酬理论的观点，要更为公平地确定公务员工资，特别是对公务员工资的外部公平作出评价，仅仅关注公务员工资水平是不够的。福利乃至非经济性报酬都是需要纳入考虑和比较的因素。尤其是以福利而闻名的政府公务员，脱离其他报酬要素而单纯考虑工资是失之片面的。就福利而言，公务员较低的工资水平已经部分地通过福利得到了补偿，因为福利的成本经常能够被立法者掩饰过去，与工资的增加相比，福利的增加是相对隐蔽和不容易发现的。就非经济性报酬而言，公务员的工作稳定性（铁饭碗）、社会声望、职业发展机会等较一般职业而言是具有明显优势的。所以，公平地评价和确定公务员工资，既需要厘清工资与其他报酬要素的区别，更需要以更加全面的视角和开阔的视野进行总体的把握。

三、劳动力供求理论

在社会主义市场经济条件下，从本质上来说，工资是劳动力的价格。劳动力市场是劳动力交易和流通的市场，是对劳动力进行有效地资源配置的根本手段，为劳动力供给和需求双方提供了接触、谈判和交易的机制和场所。劳动力市场上的供求方和需求方的行为及相互作用决定了劳动力的市场价格。在劳动力市场中，企业和劳动者是最重要的劳动力市场参与主体：企业在劳动力市场上对既定的具备技术和能力的劳动者开展竞争以实现企业的生存和发展的需要，劳动者在劳动力市场中选择在提供何种工资水平的企业里工作以及提供劳动的时间。因此，雇主是劳动力的需求方，劳动者是劳动力的供给方。

劳动力供给与需求的相互作用对劳动者工资的决定机制在于：一般而言，企业的目标是在预算一定的情况下获得数量和质量最优的劳动力组合；而劳动者则希望获得更高的工资水平。就劳动力需求方面而言，在其他条件不变的情况下，随着劳动者的工资水平上升，雇主对劳动力的需求量会下降，因为一方面高工资提高了企业的成本，导致产品价格上升并使得消费者极有可能减少购买，由此带来的生产萎缩使得企业对劳动力需求减少，另一方面工资的提高使得企业更加倾向于依赖资本等其他生产要素从而产生资本对劳动力的替代。相应地，在其他条件不变的情况下，劳动者工资水平降低，企业对劳动者的需求也会随之增加。就劳动力供给方面而言，劳动力的供给与工资呈现正相关关系，也即在其他条件不变的情况下，劳动力工资水平上升，该领域的劳动者供给就会增加，因为会有更多的人选择从事该领域的工作，从而改善自身的工资水平和生活水平。

如果将劳动力需求曲线和供给曲线结合起来，劳动力需求和供给的交接点，即劳动力需求和供给相等时的工资水平就是劳动力市场出清水平，而该市场出清工资水平就成为单个企业和劳动者都必须面对的通行市场工资率。劳动力供给和需求的改变，就会打破之前形成的市场均衡，改变市场出清工资水平。

（一）劳动力市场中工资影响因素研究

劳动力市场中工资影响因素研究指的是基于劳动力供求模型，结合最新的理论研究，具体分析劳动力供求关系中哪些因素决定和影响了劳动者工资水平。具体而言，在劳动力供求模型的分析框架下，在劳动力供给方面，劳动者自身的人力资本水平会对其工资水平产生影响，包括受教育程度、任职年限等；在劳动力需求方面，企业特征是决定工资水平的重要因素，包括企业规模和企业所处行业等。除此之外，劳动者和企业所处的地理位置是劳动力供求关系发生的“场所”，在不同的地区，劳动力供求关系、经济发展水平、物价水平、产业聚集程度和类型等都可能存在差异，所以地区因素也会对劳动者的工资水平产生较大的影响。

1. 劳动力供给角度：劳动者的人力资本水平对工资水平的影响

（1）受教育程度对工资水平的影响。人力资本是体现在劳动者身上的资本，是作为一种特殊的生产性资本储备蕴涵于人身上的各种知识、技能、经验以及健康等的存量总和。经典的人力资本理论认为，对人力资本进行投资能够带来收益，人力资本投资的预期收益最主要的表现是未来能够获得更高水平的工资性收入。人力资本的投资和获得途径最常见的是接受教育和培训。教育是劳动者在进入劳动力市场之前获得市场所需的知识、技能等人力资本最主要的途径，并且在某种程度上反映了劳动者在以后工作中可能取得的晋升、工资增长的潜力。① 所

---

① Gibbons, R., Waldman, M. Enriching a Theory of Wage and Promotion Dynamics inside Firms [J]. Journal of Labor Economics, 2006, 24 (1): 59-107.

以根据人力资本理论，劳动者受教育程度会影响其获得的工资收入情况。在这里，受教育程度（Schooling）是指劳动者在进入劳动力市场之前，在学校接受教育的年限和程度。受教育程度对工资水平产生影响的基本逻辑是：受教育程度一方面会成为较容易被组织观察的劳动者所掌握的初始的、通用性人力资本水平信号，受教育程度越高的劳动者会得到较高的初始工资；另一方面，受教育程度越高意味着劳动者可能在工作中的学习能力更强、进一步获取人力资本的速度更快、生产效率更高，对企业做出的贡献也就越大，所以企业给其回报也就更多。因此总体来看，在其他条件一样的情况下，受教育程度高的劳动者得到的工资收入也就越高。

人力资本理论对受教育程度对工资的影响的推断，得到了宏观和微观上的数据、实证研究和理论分析的证明。

从宏观的层面看，教育显著提高了劳动者的工资水平，这一点已经得到了普遍认同。根据美国多年的资料显示，男性大学毕业生与高中毕业生的平均工资性报酬之比，一直保持在 1.38 ~ 1.59 之间，并且呈现逐渐上升的趋势，女性的差别则更加显著，近年来已经达到了 1.81。① 同时，教育程度越高，劳动者工资增长速度也就越快。Rubinstein 和 Weiss 对美国劳动市场的相关数据进行的研究表明，在职业生涯第一个 10 年中，高中毕业生工资增长率为 50%，大学毕业生工资增长幅度则为 80%。② 我国经历了 30 多年的市场经济改革后，教育对收入回报率越来越高，受教育程度成为影响劳动者工资收入的重要因素，特别是直接影响到了劳动者毕业后的初始工资水平。例如，根据对北京某区的 IT 行业的毕业入职员工进行的数据调查显示，刚毕业入职的员工的起点工资受到受教育程度的显著影响，专科生平均月薪为 2 307 元，本科为 2 767 元，硕士为 4 317 元，博士为 5 731 元。③

从微观的层面看，教育也是劳动者工资的重要影响因素。Mincer 的收入模型

---

① 罗纳德·伊兰伯格、罗伯特·史密斯：《现代劳动经济学：理论与公共政策（第 10 版）》，中国人民大学出版社 2011 年版。

② Gibbons, R., Waldman, M. Enriching a Theory of Wage and Promotion Dynamics inside Firms [J]. Journal of Labor Economics, 2006, 24 (1): 59 – 107.

③ 巫强：《大学毕业生起薪决定因素研究》，载于《山西财经大学学报（高等教育版）》2010 年第 2 期。

为该领域的研究奠定了基石，是估算教育所产生的回报的基础性研究框架。①Mincer 方程的基本模式为：$\ln[w(s,x)] = \alpha_0 + \rho_s s + \beta_0 x + \beta_1 x^2 + \varepsilon$。其中 w(s，x)指的就是在一定的受教育程度 S 和工作经验 X 水平上，劳动者得到的工资水平，ρ_s指的是教育回报率。Mincer 认为 ρ_s是大于 0 的，也就是说劳动者受教育程度越高，工资回报也就越多。Mincer 方程模型得到了众多学者研究的支持。Gibbons 和 Waldman（2006）在研究企业内工资和晋升模型时，② 发现：劳动者进入劳动力市场得到的第一份工作工资是关于其受教育程度的递增函数，即受教育程度越高，劳动者得到的初始工资也就越高；受教育程度较高的群体晋升比率就越大；工资的增加与受教育程度成正相关；在控制了工作经验和职位分配（Job assignment）等因素之后，工资与受教育程度仍然呈正相关。Baker 等（1994）的研究也发现，③ 第一，职位层级越高，要求的受教育程度就越高；第二，在控制了职位因素之后，工资与受教育程度呈正相关。

（2）任职年限对工资水平的影响。在企业中，较为常见的现象是，一个人得到的工资性收入是随着年龄的增长而上升的，而在同一个年龄组中，一个人的工资也会随着其在企业中的任职年限增加而上升。也就是说，任职年限对劳动者的工资水平有较大的影响。任职年限 - 工资（Tenure/Seniority-wage）的关系指的是，在企业中，任职年限较长的劳动者获得的工资收入水平比较高。这一关系虽然仍然面临一定的争论，但是在理论和实证研究中都得到了证据支持。

Hutchens（1989）根据 Mincer 等学者的研究，④ 利用最小二乘法估计出任职年限对工资的影响公式，即关于工资的公式，$\ln(Wage) = Bo + B_1(X) + B_2(T) + B_3(Education)$ + 控制变量和 X 与 T 的高阶项（Control Variables and Higher Order Terms in X and T），其中 T 表示为劳动者在某一企业中的任职年限，而 X 为劳动者在劳动力市场中的总的工作年限（包含了劳动者在不同企业中的工作年限），

① Heckman, J. J., Lochner, L. J., Todd, P. E. Fifty Years of Mincer Earnings Regressions [J]. National Bureau of Economic Research, 2003, Working Paper 9732.

② Gibbons, R., Waldman, M. Enriching a Theory of Wage and Promotion Dynamics inside Firms [J]. Journal of Labor Economics, 2006, 24 (1): 59 - 107.

③ Baker, G., Gibbs, M., Holmstrom, B. The Wage of a Firm [J]. The Quarterly Journal of Economics, 1994, 109 (4): 921 - 955.

④ Hutchens, R. M. Seniority, Wages and Productivity: A Turbulent Decade [J]. The Journal of Economic Perspectives, 1989, 3 (4): 49 - 61.

而二者的系数 B_2 和 B_1 都大于 0，任职年限 - 工资的曲线是上升的。Mincer (1981) 进行了具体推断，① 如果某位劳动者有 18 年的工作经验，在现在的企业里工作了 7 年，则其在当前企业中工作每增加一年，工资就会提高 3.5%，其中 2% 归因于任职年限的增加，另外的 1.5% 则归因为其他的劳动力市场经验。Topel (1991) 运用美国收入动态追踪调查数据中 1 540 名成年白人男性数据进行研究，② 发现对于一名典型的美国工人而言，与换到其他地方工作相比，在一家企业里的 10 年工作任期可以使得到的工资比前者高 25% 以上，而且作者发现研究过程以及相关证据表明这一数据极有可能比实际中的数字还要低，因此认为这种任期 - 工资效应非常显著。

我国学者也发现，任职期限对我国员工工资有显著的影响。胡浩志、卢现祥 (2011) 利用中国综合社会调查 (CGSS) 2006 年的城市样本，分析了企业任期对员工工资水平的影响，结果表明，企业任职期限与在职培训显著增加了员工的企业专用性人力资本水平，从而对员工工资增加有一定的解释力。

在解释任职期限对工资的影响方面，主要的理论有以下三种：

首先，人力资本理论，特别是专用性人力资本理论为任职期限与工资的这种关系提供了关键性的支持。Becker (1962) ③ 在区分了企业向劳动者提供的能够有利于提高大多数企业生产效率的通用性培训和只对本企业有价值的专用性培训的基础上，把人力资本划分为通用性人力资本和专用性人力资本，并且认为，由于专用性人力资本对其他企业价值较小，企业会向专用性人力资本水平较高的员工提供高于市场均衡工资的工资水平。任职期限是比较理想的企业专用性人力资本替代变量④，因为任职期限意味着接受更多的培训（特别是专用性培训）、更好地与岗位进行了磨合，积累了与本企业有关、对本企业有较大贡献的知识、技能等特殊人力资本。同时，专用性人力资本理论的一个重要隐含的假设是，随着

① Mincer, J. Union Effects: Wages, Turnover, and Job Training [J]. National Bureau of Economic Research, 1981, Working Paper 808.

② Topel, R. T. Specific Capital, Mobility, and Wages: Wages Rise with Job Seniority [J]. Journal of Political Economy, 1991, 99: 76 - 145.

③ Becker, G. S. Investment in Human Capital: A Theoretical Analysis [J]. Journal of Political Economy, 1962, 70 (5): S9 - S49.

④ Marshall, R. C., Zarkin, G. Z. The Effect of Job Tenure on Wage Offers [J]. Journal of Labor Economics, 1987, 5 (3): 301 - 324.

劳动者任职期限的增加，专用性人力资本水平的提高，劳动者的工作效率会逐渐提高。所以，企业为劳动者提供较高的工资水平是理所应当的。人力资本理论得到了一些研究的支持，如 Brown（1989）① 研究 1976～1984 年间密歇根收入动态追踪调查数据发现，企业的培训能够有力地解释任职期限与工资之间的关系。Slaughter（2007）② 对新加坡 2 251 家高科技 IT 企业进行的研究发现，那些在需要更多企业专用性人力资本的岗位上工作的劳动者获得的收入更高，并且随着任职年限的增加，工资增长率也一直呈现上升趋势；但是对那些专用性人力资本要求较低的岗位，劳动者任期增加，工资增长率却在不断下降。据此，作者认为，专用性人力资本不仅是一个主要的工资决定因素，也是任职年限—工资关系的调节变量。

其次，延期支付理论也越来越得到学界的认同和验证。延期支付理论认为，很多企业在对劳动者支付工资时，在劳动者职业生涯的早期阶段实行“减额支付”，然后在后期阶段对他们实行“超额支付”。这种工资支付方法相当于对任职年限有一个“溢价”。Lazear（1981）③ 认为，延期支付对企业和劳动者而言都是有益的，有利于吸引准备长期在企业工作的人，并且提高劳动者的工作动机，避免其偷懒，因为一旦偷懒导致被解雇会导致较大的“工资损失”。Barth（1997）④ 对挪威的组织与劳动者的研究并不支持人力资本理论对任职年限－工资的解释，而是为延期支付理论提供了一定的证据支持。对于那些无法对每个岗位进行严密监督、或者监督成本过高的企业，延期支付理论的解释力更强。Hutchens（1987）⑤ 将工作划分为可以进行监督和不可以进行严密监督的两类之后，发现在后一种类型的工作中，任职期限较高的员工得到更高工资的可能性

---

① Brown, J. N. Why Do Wages Increase with Tenure? On-the-Job Training and Life-Cycle Wage Growth Observed within Firms [J]. The American Economic Review, 1989, 79 (5): 971－991.

② Slaughter, S. A., Sandra, et al. Firm-specific Human Capital and Compensation Organizational Tenure Profiles: An Archival Analysis of Salary Data for IT Professionals [J]. Human Resource Management, 2007, 46 (3): 373－394.

③ Lazear E P. Agency, earnings profiles, productivity, and hours restrictions [J]. The American Economic Review, 1981: 606－620.

④ Barth, E. Firm-Specific Seniority and Wages [J]. Journal of Labor Economics, 1997, 15 (3): 495－506.

⑤ Hutchens, R. M. A Test of Lazear's Theory of Delayed Payment Contracts [J]. Journal of Labor Economics, 1987, 5 (4): S153－70.

更大。

再次，员工—职位匹配理论提供了另外的有益的分析视角。Jovanovic (1979)① 构建了职位匹配模型，认为劳动者在特定工作上的效率是无法进行事前评估的，随着任职年限的增加，企业和劳动者能够获得更加全面的信息，即劳动者是否与某个职位是匹配的。与职位不匹配的劳动者很有可能会离职，任职年限就会较短，而实现了较好匹配的员工离职的可能性更低，并且效率更高，从而获得较高的工资。所以，较长的任职年限以及较高水平的工资似乎都可以这样解释，即企业的职位和劳动者之间实现的更好的匹配。

1. 劳动力需求角度：企业的特征对工资水平的影响

(1) 企业规模对工资水平的影响。劳动者工资与企业规模有显著的正相关关系，这在已有的研究中得到了充分的理论和数据证实，并且被称为“企业规模—工资效应”(firm/employer size-wage effect)。这种关系最早由摩尔 1911 年在意大利的纺织企业中发现，他发现意大利的纺织女工中存在这样的企业规模带来的工资差异：“在控制了性别、年龄、地区和行业等因素后，员工人数为 100 ~ 499 人之间的公司和员工人数在 500 人以上的公司为纺织女工支付的日平均工资比员工人数低于 20 人的公司分别高 13% 和 38.15%”②。总体而言，从事类似职位、具有类似人力资本特征的劳动者在大企业中得到的工资较高，在小企业得到的工资较低。这种规模 - 工资效应在各个国家、行业、职业和时间段都有显现③。随着我国市场经济的深入发展，我国也有比较明显的由企业规模产生的工资差别，这一现象越来越受到关注。彭征波（2006）利用 2000 ~ 2003 年的中国工业统计数据进行的研究表明，规模与工资之间呈正相关关系在我国企业中同样存在，而且这种关系在国有企业中表现得非常明显，其中在中央直属企业中最为突出。

尽管企业规模因素对员工工资水平有明显的影响，但是学者大多并不把规模因素看作是对工资产生直接影响的变量，而是认为企业规模—工资效应该是某些难以测量的因素变量的反映。因此，针对企业规模—工资效应，学者们从不同的

① Jovanovic, B. Job Matching and the Theory of Turnover [J]. Journal of Political Economy, 1979, 87 (5): 972 - 990.

② 陆云航、刘文忻：《民营制造业中的企业规模—工资效应》，载于《经济理论与经济管理》，2010 年第 6 期，第 73 ~ 79 页。

③ Hollister, M. N. Does Firm Size Matter Anymore? The New Economy and Firm Size Wage Effects [J]. American Sociological Review, 2004, 69: 659 - 676.

角度提出了不同的理论假设，试图探寻隐藏在企业规模背后的影响因素，主要包括以下假说：

人力资本理论。这种理论认为，大企业中劳动者的人力资本水平，包括个体素质、技能水平等，总体上要高于小企业中的劳动者，因此工资要高于后者。有研究表明人力资本方面的差异能够解释大企业与小企业之间总体工资差异的1/3到1/2①。而且，对人力资本衡量的越详细具体，就越能够解释这种效应。大企业倾向于雇用高人力资本水平的劳动者的原因可能在于，在大企业中资本与技能呈现一种互补关系，资本密集型、技术密集型的大企业更加需要雇佣高技能的员工，操作更为先进的技术设备，进行更多的科研和开发，从而也需要向他们支付较高水平的工资②。

效率工资理论。该理论认为，大企业中劳动者的生产效率比小企业更高，因此较高的工资水平是理所应当的③。大企业有足够的能力提供充足的资本和客户，将员工更有效率地分配到不同的工作任务和机器设备上，实现人与任务的优化匹配。另外大企业在进行培训方面存在规模经济的优势，普遍提供较高水平的培训，有利于提高劳动者的效率。从另外一个角度讲，支付效率工资也是为了降低离职率、减少监管成本的需要。在大企业中，职位之间具有较高程度的依赖性，一旦出现员工离职，可能会对企业造成较大程度的损失。而且，由于劳动者人数较多，对其进行监管、避免员工消极懈怠的管理成本比较高，存在规模不经济的劣势④。

利润分享假说。这种假说认为，具有较高生产力的大企业在原材料市场中具有较大的规模从而具备较强的议价能力，以较低的成本获得原材料；同时在产品市场中占据较好的有利位置，甚至可能处于垄断地位，从而有能力与劳动者进行较高程度的利润分享，即通过提供高工资的方式分享企业在产品市场中的利润，

---

① Troske, Kenneth, R. Evidence on the Employer Size-Wage Premium from Worker-Establishment Matched Data [J]. Review of Economics and Statistics, 1999, 81: 15-26.

② Dunne, T., Schmitz, J. A. Wages, Employment Structure and Employer Size-Wage Premia: Their Relationship to Advanced-technology Usage at US Manufacturing Establishments [J]. Economica, New Series, 62 (62): 89-107.

③ Idson, T. L., Oi, W. Y. Workers are more productive in large firms [J]. The American Economic Review, 1999, 89 (2): 104-108.

④ Belfield, C. R., Wei, X. D. Employer Size-wage Effects: Evidence from Matched Employer-employee Survey Data in the UK [J]. Applied Economics, 2004, 36: 185-193.

以使得劳动者的努力程度和投入水平达到最佳状态①。

工会威胁假说。一般而言，在大企业中工会更加常见，因为大企业劳动者人数更多，容易集结为工会与企业进行集体谈判，提高自身工资水平。而一旦罢工，对企业的生产会带来较大程度的影响。工会的威胁就在于大企业甚至会主动提高员工的工资水平，以避免员工形成工会、进行罢工，从而降低应对工会方面的成本。所以工会因素也可能是导致企业规模-工资效应的重要成因②。

（2）企业所处行业对工资水平的影响。在不同行业中从事类似工作的劳动者得到不同水平的工资，长期以来就受到了经济学家的关注。这种现象无论是在发达国家还是在发展中国家中，都普遍存在。据统计，“发达国家行业工资差距一般在1.5倍左右，发展中国家一般在2~3倍之间”③。更具体来看，根据美国劳工统计局的资料显示，早在1985年，美国克利夫兰市某个职位在不同的行业中的工资（周薪）区间为160~480美元④。如果再算上其他的一些福利，这种差距就更大了。

国外学者对行业工资差距进行了长期的关注和研究。Dickens和Katz（1986）⑤分析了非工会工人的工资差别，发现控制了个人特征和地理分布等因素之后，行业间的工资差异仍然较为显著，根据其测算，行业因素影响个人间工资差别的比例在6.7%~30%之间。我国劳动者工资的行业差异也比较大。例如，就北京市而言，2009年建筑业的平均工资为42 723元，信息传输、计算机服务和软件业的平均工资为98 016元，金融业的平均工资为180 816元，各行业之间的平均工资水平差异显著。⑥

针对行业因素对工资的显著影响，国内外经济学者对此提出了各种理论假设和模型，来试图解释和说明行业对工资的影响。有关行业间工资差距的理论主要

---

① Brown, C., Medoff, J. L. The Employer Size-Wage Effect [J]. Journal of Political Economy, 1989, 97 (5): 1027-1059.

② Miller, P., Mulvey, C. Unions, Firm Size and Wages [J]. The Economic Record, 1996, 72: 530138.

③ 李晓宁、邱长溶：《转轨时期中国行业工资差距的实证研究》，载于《山西财经大学学报》，2007年第29期，第48~54页。

④ Dickens, W. T., Katz, L. F. Interindustry Wage Differences and Industry Characteristics [J]. National Bureau of Economic Research, 1986, Working Paper 2014.

⑤ Dickens, W. T., Katz, L. F. Interindustry Wage Differences and Industry Characteristics [J]. National Bureau of Economic Research, 1986, Working Paper 2014.

⑥ 数据来源：《中国劳动统计年鉴2010》。

包括以下几种：

竞争性劳动力市场理论。从需求的角度来看，劳动力是一种间接需求或派生需求，行业工资差异从根本上是劳动力市场对产品市场的需求状况所做出的反应。如果行业的产品和服务社会需求量较大，生产企业规模迅速扩张，生产力需求也随之大幅度上升，就会导致该行业的工资水平较高。有一个现象是，如果某行业对一种工作提供高工资，那么就极有可能对其他所有工作都提供高工资，也就是说，高工资行业对所有的职位都提供比市场工资更高的工资，具有一致性。特别是在资本密集型的行业中，劳动力成本占总成本的比例较低，劳动需求的工资弹性比较低，因而该行业的劳动者能获得较高的工资同时保证企业劳动力需求数量不会大幅度减少。

补偿性工资理论。从事类似工作、具有相似的人力资本水平的劳动者，由于行业的特征，非工资条件的差异（包括工作环境、福利水平等）会导致得到不同收入水平的工资。这是由于这种非工资的工作属性，影响到劳动者感受到的效用水平①。较高水平的工资能够减少高温高压、高空作业等恶劣和危险的工作环境产生的负面效应，弥补了效用损失。

效率工资理论。与解释企业规模对工资的影响相似，效率工资理论认为，对某些行业而言，对劳动者支付高于市场平均工资水平的工资是有利可图的。企业提供高工资可能的好处是提高劳动者工作满意度，从而激励劳动者提高努力程度，降低离职率，提高劳动者士气水平和改进团队工作规范，最终提高劳动者个人和组织的生产率。同时，在信息不对称的情况下，如果某个行业中的监督成本相对较高，则可能该行业更倾向于支付较高的工资水平以激励劳动者自觉地努力工作，提高劳动者离职的“成本”，从而减少组织进行严密监督的成本。除此之外，由于各行业在产品市场和劳动力市场中的不同特点，各个行业“最佳”的高工资水平是不同的，即使劳动者具有相同的特征，也会由于行业不同的原因而得到不同的工资。Krueger 和 Summers（1988）② 的研究在控制了劳动者阶层、工作经验、受教育程度、工会情况等因素的情况下，也证实了效率工资理论能够在

---

① Dickens, W. T., Katz, L. F. Inter-industry Wage Differences and Theories of Wage Determination [J]. National Bureau of Economic Research, 1987, Working Paper 2271.

② Krueger, A. B., Summers, L. H. Efficiency Wages and the Inter-industry Wage Structure [J]. Econometrica, 1988, 56 (2): 259-293.

一定程度上解释行业间工资水平的差异。

人力资本理论。人力资本理论认为，劳动者在通过进行了教育和培训等人力资本投资之后，本身具备了较高的人力资本水平，同时也相应地期望得到较高水平的收益和回报。因而，一方面某些行业属于人力资本密集的行业，对高素质的员工有较大的需求；另一方面预期获得高收入的员工普遍倾向于在高收入行业中寻找工作。所以，行业收入差异往往能够反映出行业间劳动力质量的差异，也就是说，高收入行业中的劳动力质量更高，或者人力资本水平较高的劳动者的比重越大。

所有制因素。与西方国家不同，由于我国从计划经济向市场经济转轨的特殊国情及相关的历史原因，所有制问题是长期以来影响劳动者工资水平的重要因素，“所有制是否垄断、垄断的程度水平都会对该行业劳动者的工资水平造成显著影响，导致了不同所有制主导的行业间工资水平具有一定差异并由此产生可能的不公平性”①。目前我国学者对行业间工资差异的研究，较多从行业所有制垄断的角度来分析，将该因素视为行业间工资差距产生并扩大的原因，即垄断行业依靠对自然资源的占有或行政特权，获得了超额利润，提高了行业的整体工资水平②。而且，利用垄断地位，这些行业可以轻松地将高工资所产生的压力转嫁到消费者手中。

3. 地区因素对工资水平的影响

不同地区由于处于不同的经济地理位置，在劳动力供求关系、经济发展水平、物价水平、产业聚集程度和类型等方面都可能存在较大差异，因此不同地区的企业和劳动者事实上可能面临着相对独立和分割的劳动力市场，那么劳动者在类似的职位上工作就可能会得到不同的工资。例如在美国，人力资源主管职位的工资在不同地区的差别很大，在加利福尼亚州，该职位的工资中值为每小时53.88美元，每年112 100美元，在佛罗里达州，该职位的工资中值为每小时45.11美元，每年93 800美元。③ 我国也同样如此，例如，以金融业为例，根据

---

① 张原、陈建奇：《人力资本还是行业特征：中国行业间工资回报差异的成因分析》，载于《世界经济》2008年第15期，第68~80页。

② 陈彦玲、陈首丽：《国有垄断行业职工收入水平基本分析》，载于《统计研究》2002年第8期，第76~77页。

③ 数据来源：美国劳工部职位信息网（O*NET系统），http：//www.onetonline.org/link/summary/11-3121.00.

2010年中国统计年鉴的资料显示，我国各省的金融行业从业人员的工资差距较大，如北京的金融业人员年平均工资为18万元，而天津则为10万元，山西为40 684元，甘肃省最低，为31 466元，仅约为北京的1/6。① 这种工资差别在职位层次较高的层级更为显著。某咨询公司的工资调查报告利用3个行业的8个热点岗位分析了西南地区与一线城市之间存在的显著差异，工资差异都在4.3万以上，部分岗位工资差距甚至达到了22.2万元。具体数据参见表2－2②。

表2－2　　西南地区与一线城市之间的工资差距（年薪）

行业	岗位	西南地区	一线城市	差距
金融	产品经理	25.9	35.4	－9.5
	信贷经理	27.6	32.2	－4.6
高科	研发总监	64.5	75.1	－10.6
	软件工程师	15.8	22.9	－7.1
	高级测试工程师	14.5	18.8	－4.3
	设计总监	65.3	87.5	－22.2
地产	成本经理	32.7	45.4	－12.7
	园林景观工程师	17.2	22.1	－4.9

从宏观经济层面上来讲，由于经济发展水平存在明显的不均衡现象，我国各地区的工资水平之间存在较大差异。首先，从根本上来说，经济发展水平是地区间工资差距最深层和最根本性的决定因素。有学者指出，市场潜力的空间分布、产业和城市的外部性是造成中国地区工资差异的重要因素（王小勇，2006）。也就是说，经济发展不平衡是工资差距的根本原因。其次，资本的投资水平也会对地区间工资差异产生显著的影响。根据国际直接投资理论，伴随直接投资而来的资本、技术、税收收入、生产力外溢等因素可以有效促进地区经济发展和收入的增加③。有学者认为，外商直接投资（FDI）的区域分布不均衡是地区工资差距扩大的主要原因，FDI越集中，当地的劳动力和土地等要素的价格也就越高（李

① 数据来源：《中国劳动统计年鉴2010》。

② 杜丽敏：《薪酬，如何不“心愁”？——太和顾问2010薪酬调查报告解析》，载于《人力资源管理》2011年第3期，第6～17页。

③ De Mello, L. R. Foreign Direct Investment in Developing Countries and Growth: A Selective Survey [J]. Journal of Development Studies, 1997, 34 (1): 1－34.

晓宁，2007)。再次，结合我国的经济改革历程来看，非公有制经济的发展程度显著影响了工资水平。非公有制经济在提供就业、促进经济发展方面发挥着重要作用，我国东部地区的非公有经济的发展速度相对更快，地区工资水平普遍高于中西部地区。

从劳动经济学的角度来讲，由于经济发展程度的差异、劳动力流动的阻碍等因素，全国范围内形成了事实上的地区性劳动力市场分割。在经济增长较快、外商投资较多的东部地区省份，大体上可以被看做是一级劳动力市场。在一级劳动力市场中，劳动者就业机会更多，工资收入较高，并且工作条件普遍偏高；而在经济较为落后的中西部地区，可能处于二级劳动力市场中，从事类似工作的劳动者得到的工资收入较少，工作相对不稳定。同时，不同地区之间由于不同的物价水平，形成了较大的生活成本差异。在对劳动者支付工资时，处理不同地理区域之间的生活成本差异是企业薪酬管理中需要考虑的重要问题，这也要求对处于一级劳动力市场中的劳动者支付较高的工资。另外，资本和劳动是相互影响、具有一定替代效应和收入效应的生产要素，二者的相对水平在很大程度上影响了二者的价格水平：在资本要素较为丰富的情况下，劳动者的工资水平也相对较高；在劳动力要素较为充足的情况下，劳动者的工资水平往往相对较低。在经济发达的地区，资本充足，投入较多，这也就大大推动了人力资本价格水平的提高。

4. 工资影响因素的启示

在社会主义市场经济条件下，劳动者获得的工资水平是由多种影响因素共同作用的结果，劳动力供给、劳动力需求以及地区等诸多因素会对其产生影响。基于劳动力供求关系对劳动者工资水平的决定理论，我们可以发现市场经济条件下劳动者工资水平决定的一般原理：

第一，在劳动力供求模型框架下，劳动者工资是由多种因素共同决定的。劳动者供求关系对劳动者工资水平的影响是最基本性的，而如果将劳动力供给与需求进行更加细致的分析，劳动者个人的人力资本水平、企业的特征以及地区因素都会对工资的决定产生比较显著的影响。

第二，决定工资的不同因素之间存在复杂的交互影响作用。例如劳动者人力资本水平与企业规模、行业特征等因素存在交互影响，同时对工资水平产生影响。总之，在劳动力供求相互作用下，劳动者获得的工资水平这一种经济表象，是多种因素相互交织促成的结果，比如不同行业的工资差别，就既有行业特征的因素的影响，也受劳动者个人人力资本的因素的影响，甚至可能还有部分劳动力市场的原因。

第三，工资作为市场运行的“结果”很难直接通过计算得出。工资受到太多因素的影响，特别是这些因素的交互影响使得工资难以对这些因素进行回归计算出来。所以在进行工资收入有关的公共政策时，试图利用技术方法控制住集中主要影响因素后来计算工资水平是不可取的，也是不可行的。决定工资的所有因素都会通过劳动力市场供求关系来发挥作用，并经过复杂的、“黑箱”般的过程，通过市场通行工资水平这一结果表现出来。所以，市场工资调查是获得某一职位工资水平的最直接、最有效的方法，也是实现市场化工资水平决定机制的重要途径。

（二）基于劳动力市场供求关系的公务员工资

如果说企业中劳动者的工资是劳动力的价格的话，那么公务员工资则是公务员这种特殊劳动力的价格。之所以称之为特殊劳动力的价格，是因为公务员工资是不能够单纯靠劳动力市场机制、即劳动力供求双方的作用形成的。如前文分析，如果要让公务员工资更加符合市场特征，贴近市场，不能简单地按照几项影响因素加以回归计算，采取工资调查从而得到“模拟市场结果”是较为科学的方法。在劳动力市场中，企业对劳动力需求属于派生需求，也就是由于企业需要生产产品和提供服务以满足客户的需求，企业才会产生对劳动力的需求。因此，在研究工资问题时，很重要的基础是将分析延伸至产品市场，公务员工资问题也不例外。为了对公务员工资的劳动力市场特征进行分析，基于对产品市场和劳动力市场的基本认识，有必要提出以下一些基本假设，从而作为对于之后分析与论证的前提和基础。

假设一：企业提供产品和服务的目的在于追求利润最大化。

假设二：政府同样面临着产品市场。政府提供的管理与服务是一种公共产品，而公众则通过纳税等方式实际上向政府支付了价格，这和一般意义上的产品市场是类似的。

假设三：政府在产品市场上的卖方垄断性假设。虽然在部分公共产品和服务的提供上，政府并非唯一或者直接的提供者，如政府能够通过公共服务外包等方式引入多元的市场主体等。但是，对于政府的相当部分的产出（如国防、执法等），政府仍然是垄断者。这就意味着即使政府提供的产品和服务在质量上存在“瑕疵”，公众往往也只能被动接受。

假设四：政府的公共性假设。政府和私营部门的突出区别就在于政府的公共性、非盈利性，即政府不应该像企业一样追求利润最大化。因此，政府的成本将只受其财政能力上限的制约，在预算范围以内只是一种“软约束”。

假设五：公务员“经济人”假设。公共选择理论将经济人假设应用到政治领域，认为政府中的官员同样是经济人，在公共管理过程中往往并非单纯追求公共利益的最大化，而是追求自身利益（效用）的最大化。由公务员组成的政府代表国家为自己（公务员）支付工资，因此可能会产生提高自身工资的利益冲动。特别是在政治约束较为宽松的背景下，政府部门自利的动机更为显著。

在上述五个基本假设的基础上，将开始对公务员工资的形成进行分析。针对某一职位，劳动者能够在政府和企业之间自由选择或自由流动，这就意味着政府在吸引人才方面面临着和企业进行人才竞争的劳动力市场。劳动者在做出决策时，政府和企业提供的工资虽然不是唯一的考虑因素，但也是最重要的因素之一。由于劳动力市场是竞争性的，实际上政府也要被动面临着既定市场出清工资的制约。如果按照市场出清工资水平，政府能够获得所需要的人力资源。但是，如果支付的工资低于该工资水平，则政府不得不面临这样的可能性：政府将会难以吸引和保留员工，特别是那些在劳动力市场中竞争力很强的高素质人才。这种情况必然导致公务员整体素质偏低，公务员士气低落，从而影响到公共产品的生产与提供。基于假设三，政府的垄断地位使得政府能够较长时间维持下去这种现象而不至于像企业一样被市场淘汰，但这种结果的危害性是显而易见的：公众将不得不忍受由一群“平庸的人”管理着国家并为公众提供服务，尽管可能只需支付低廉的“税收”。在民主政治体制下，这样的政府也是难以持续的。这也就表明，如果公务员工资水平低到对公务员的素质和士气产生影响，则不仅对公民产生不利的影响，也会导致政府难以为继。

另一方面，如果政府支付高于市场出清工资水平呢？对于企业来讲，人力成本属于占比较大的企业成本之一，为了获取利润最大化，企业一般会选择将人力成本最小化，也就是在保证能够人力资源质量和数量要求的前提下不会支付更高的工资，当然，也会有少部分企业信奉效率工资等理念，实施工资领袖战略。对政府而言，成本的压力就会小得多。基于假设三，政府的垄断地位使其可以通过税收的方式将较高的成本转嫁给公众。同时基于假设四，垄断地位给政府带来的超额利润使得政府可以将其应用在增加公务员工资上。基于假设五，政府存在具有支付高额工资的动机。综上所述，在没有其他约束条件下，政府既具有增加工资的经济条件（由于垄断优势），又有自我付酬的追求自身利益的动机，如果监督和制约机制缺乏，则政府很有可能支付高于市场水平的工资。

总之，相对于市场出清工资水平，公务员的工资无论过高还是过低都不是最有效率的。当公务员工资远低于市场水平时，公务员的工作积极性可能会受到显著影响，公众将很有可能需要忍受低水平的公共服务；而当公务员工资远高于市场水平时，实际上意味着公众对支付的成本（纳税）远高于正常水平，且增加政府的财政负担。这就表明，政府无法通过市场来完成对公务员工资水平的决策，公务员的工资不会通过市场竞争“自动”实现合理水平；同时，政府确定公务员工资也不能完全独立于市场，否则就会导致人才的流失和公共管理与服务水平的下降。因此，在决定公务员工资问题上，必须建立科学合理的公务员工资水平决定机制，兼顾效率与公平。

第三节　国内外关于公务员工资水平决定机制研究综述

一、国内研究综述

（一）有关公务员工资的研究综述

公务员工资是公务员自身群体和社会公众普遍关注的热点，但是与此不相称的是，目前我国公共管理学界对公务员工资的专门的学术性研究较少。根据中国期刊网 CNKI 的检索结果，截至 2015 年 12 月，以“公务员”、“薪酬”、“工资”为篇名的中文社会科学引文索引（CSSCI）核心期刊论文总共60 余篇。从研究内容来看，当前关于公务员工资的研究主要集中于以下几个方面：

第一，对公务员工资制度总体性的反思和建议。伴随着我国政治、经济体制改革的推进，作为行政体制重要组成部分的公务员工资制度，在改革开放以来也进行了多次改革，这为研究公务员工资制度提供了丰富的宝藏，该部分的研究占据了公务员工资研究的主体。刘昕（2007）结合2006年最新一次公务员工资制度改革，着重从公务员工资管理向市场化接轨的思路，提出了完善我国公务员工资制度的建议，包括建议形成以劳动力市场为参照的公务员工资水平调整机制，建立和完善职位分类、职位分析和职位评价等基础性人力资源管理工作等。孙琳（2005）认为应该建立以公务员做出贡献价值大小为主的公务员工资制度，根据国民经济的增长速度和借鉴企业收入的平均水平来确定公务员工资水平，将公务员工资制度与绩效奖励相结合。

第二，研究国外发达国家工资管理制度及对我国的启示。美国等西方发达国家公务员制度已经建立和运行100多年，积累了较为丰富的经验，在某些管理方式、管理原则等方面对我国具有较强的借鉴意义。我国学者对国外的工资管理实践进行了初步研究，主要是从整体的角度介绍发达国家和地区的公务员工资制度和相关政策实践。王萍（2012）、刘毅（2005）对美国和中国公务员的工资制度进行了系统的反思和比较，胡卫（2004）对英国高级公务员工资管理制度改革进行了评述，刘昌黎（2006）对日本控制国家公务员和公共企事业工资的做法与成效进行了详细的介绍。

第三，对公务员工资制度专项内容的研究。在公务员工资水平方面，不少学者研究了我国公务员工资水平存在的问题和对策措施，翁文先、李兵（2003）分析了我国公务员工资定价的困境，丁进（2009）研究了我国公务员工资水平调查战略对策，王丹（2011）探讨了科学合理确定我国公务员工资水平的路径。在公务员工资的影响方面，李景平、韩锐（2012）基于前景理论，研究了公务员工资对其廉洁行为的影响，认为公务员工资在一定程度上影响其廉洁行为，随着工资的提高，边际行为者可能演变为绝对廉洁行为者或绝对不廉洁行为者；在具体的工资制度改革方面，胡卫、陈立中（2008）发现西方国家的新公共管理运动逐步在公共部门中降低工龄工资和岗位工资的比重，增加绩效工资的比重，认为公务员工资制度改革要把工资和绩效联系起来；王世彤、王文玲（2006）分析了欧美国家公务员宽带薪酬的优点和缺点，提出我国应借鉴宽带薪酬制的理念对我国公务员的职务级别工资制进行改革。

总体来看，当前学界关于公务员工资的研究形成了一批有价值的研究成果，为进一步的研究奠定了较好的基础。但是，公务员工资的研究还存在着一些不足之处：

首先，我国公务员工资研究缺乏基础性的理论研究。绝大多数的研究主要是描述实践中我国公务员工资存在的问题，在此基础上宏观地、整体上反思和建议公务员工资制度。这种研究往往是描述性和评论性的，并没有深入工资制度存在问题的深层次原因，也没有分析相应的政策建议通过何种路径实现预期的目的。也就是说，这种分析和研究缺乏理论的指导，没有进行深刻挖掘和富有逻辑地推导，进行解释性的研究。实际上，公务员工资管理具有多学科的理论背景，公共管理、政治学、管理学甚至经济学都能够从各自的角度为研究提供丰富的理论指导。

其次，我国公务员工资研究对人力资源管理工具和方法缺少深入的了解。或许正是由于公务员工资管理涉及多学科的理论，且我国公共管理界对公共部门人力资源管理的研究尚处于起步阶段，不少政治学和公共管理背景的学者对人力资源管理、尤其是薪酬管理的涉猎并不深入，对于薪酬管理的原则、工具与方法、薪酬管理与组织的其他人力资源管理职能的关系缺乏系统的研究。事实上，从美国的公务员薪酬管理研究和实践来看，其大量借鉴了企业人力资源管理的理念和工具，如宽带薪酬、绩效薪酬等，并对此进行了细致的研究。

再次，我国公务员工资研究尚未形成体系。是否形成研究体系是某项研究成熟与否的重要标志。以政府绩效评估研究作为对比，近 10 多年来，公共管理学界关于政府绩效评估的研究论文蔚为大观，通过多年的研究已经就政府绩效评估的内涵、价值导向、理论基础、研究主题、绩效评估指标、绩效评估方法等内容形成了大量的研究，同时结合中央机关及地方政府开展的绩效评估实践，形成了各具特色、多种模式的研究，且就某些领域开展了专题性、案例性的深入研究。更为重要的，形成政府绩效评估为研究领域的优秀学者，成立了诸多政府绩效评估的研究中心。同为政府人力资源管理的范畴，公务员工资的研究相比则处于刚刚起步阶段，研究并未形成体系。

（二）有关公务员工资水平决定机制的研究综述

从总体来看，由于整体上国内对公务员工资研究关注不足，学界对公务员工资水平及其决定机制的研究相对较少，研究问题主要集中在从理论和现实两方面探讨公务员工资影响因素、我国公务员工资水平以及公务员工资水平决定机制的基本思路等方面。

公务员工资水平的影响因素是研究公务员工资水平决定机制的基础，分析、探索出国内外公务员工资水平影响因素，不仅有利于厘清我国当前公务员工资水平现状，发现问题，而且有利于明晰公务员工资水平决定的内在逻辑和机制，从而获得有针对性的、有益的启发。张广科（2012）基于中部地区三个省份行政机关公务员的一线工资调查数据，对我国行政机关公务员工资公平及其影响因素进行了实证研究。模型结果显示，职务级别、机构类别与机构级别等是导致公务员工资内部不公平的重要因素，企业中“相当人员”的界定标准影响了公务员工资外部公平的实现程度。

熊通成、曾湘泉（2014）从公务员收入地区差异的视角分析了公务员工资水平的影响因素。该文对公务员收入地区差异进行了研究，通过对8省56个城市的公务员数据进行分析，发现：城市中政府财力是影响公务员工资水平最主要的因素；决策者的决策偏好对城市公务员收入带来的影响几乎相当于其他因素的影响；公务员的工作经验、性别对公务员工资水平的影响程度很小；受教育程度以及公务员任本级别职务年限对公务员工资水平没有显著影响。

刘卉、孙剑平、李鹏（2012）使用我国1996~2009年的相关数据，对影响我国公务员工资水平的经济因素，个人资本因素分别进行OLS回归方程和QR方程的检验分析，检验结果表明，近些年来，市场工资水平和学历百分比这两个因素的影响程度比重一直呈上升趋势，这说明外部市场经济变化和个人人力资本对我国公务员工资水平的制定影响日益显著。刘卉等（2011）采用同样的方法，基于人力资本和经济学理论，从市场工资水平，公务员人数，联邦政府财政支出总额，物价指数，人均GDP以及学历百分比这六个因素方面，使用美国1996~2008年的相关数据对美国公务员工资水平影响因素进行了检验，结果表明美国政府在确定美国公务员工资水平时紧密联系外部市场经济变化和个人人力资本。因此，我国在制定公务员工资水平的同时，应逐步将公务员工资水平与外部市场变化和个人人力资本紧密结合。

国内关于公务员工资水平决定机制的研究起步较晚，主要开始于2006年以后，在这一年颁布的《公务员法》中首次明确提出了建立公务员工资的调查比较制度。

毛飞、王梅（2009）对公务员工资决定的经济思想史进行了考察，指出了建立公务员和企业人员工资的平衡比较机制不仅在当前是被广为接受的，同时也是有其经济思想史渊源的，比如亚当·斯密、马克思等人均在早期已经有公务员工资和企业工资应当基本持平的基本观点，同时英国政府于1955年正式将公私部门的工资平衡比较作为一项确定公务员工资的基本原则。

何凤秋（2008）对公务员工资水平平衡比较的理论和应用问题进行了研究，针对《公务员法》的相关规定，结合结果公平、程序公平等三种公平理论，论述了建立公务员工资平衡比较的必要性，同时对如何建立公务员工资的市场调查机制、物价补偿机制以及正常的公务员增资机制等提出了自己的设想。

董克用、王丹（2008）论证了建立中国公务员工资水平调查比较机制的经济学基础和管理学基础，指出从经济学的角度来看，劳动者的工资本质上是劳动力的价格问题，公务员工资可以被看作是公务员这种“特殊”劳动力的价格，但这种劳动力的价格往往难以通过市场机制自发形成，因此通过“模拟市场机制”或“模拟市场结果”来确定是较为理想的工资决定方式，这是建立公务员工资水平调查比较机制的经济学基础。此外，从管理学的角度来说，公务员工资必须满足公平性的要求，其中，外部公平性会直接影响公务员对工资公平性的看法。而为了确保公平性，同样有必要建立公务员工资水平调查比较机制。王丹（2011）还指出了除建立公务员公务员工资调查比较机制的直接对照法和价值对照法之外，还可以考虑实施职位小组对照法。

刘桂芝、薛方晓（2010）首先指出了我国公务员工资水平存在公平性不足的争论，即公务员群体和非公务员群体对公务员工资水平的高低存在认知差异，然后指出了造成这种争论的主要原因在于我国缺乏公务员工资与非公务员尤其是企业人员工资的调查比较机制，然后提出了平息这种争论的主要对策，即建立一种两类工资水平之间的调查比较机制。但并未就调查比较的基本原理和具体操作方式进行详细研究。

谢海虹、孙剑平（2012）针对我国公务员工资调查比较机制尚未建立的问题，指出了建立这种机制的必要性，在借鉴美国、英国、日本以及中国香港等地的公务员工资调查比较机制的基础上，有针对性地设计了我国公务员工资水平市场对比的方法，明确了作为调查比较对象的工资的内涵、作为市场比较对象的非公务员群体的选取，提出在建立公务员调查比较机制时应当考虑职务种类、性别、工作年数和学历等四个要素。

也有学者在理论研究的基础上，尝试设计和提出我国公务员工资水平决定机制。刘艳良（2011）认为，许多发达国家在确定公共部门工资水平时，长期以来坚持“可比性原则”，即政府在确定公共部门工作人员工资水平时应参考企业职工的工资水平，从而使得公共部门的工资水平与其他社会职业保持基本一致或略有高处，从而与国民经济发展相协调、与社会进步相适应。该研究对公共部门的工资水平决定进行了相对全面的分析，基于美国、日本等国公共部门工资水平决定实践，提出了在决定我国公共部门人员工资水平时的目标方案和过渡方案：目标方案为从长远来看，根据岗位价值可比性原则，以职位评价的方法实现公共部门职位与企业职位的匹配，从而将比较结果作为工资水平决定乃至调整的依据；过渡方案为从“同地区、同学历、同工作年限、同职位”四个方面，确定公共部门工作人员与企业人员的对应关系，从而进行比较。不过，事实上，两种比较方案的方法、逻辑截然相反，能否实现以及如何保证从过渡方案顺利地转变为目标方案，还存在一定的争议。

实现公务员职位和企业职位之间的匹配，是我国公务员工资调查制度建设、决定公务员工资水平过程中的一个关键技术问题。熊通成（2013）详细探讨了在决定公务员工资水平时如何公务员和企业人员的职位匹配的方式，分析了日本“五同技术”和美国“职位评价技术”的具体方法及相应的制度环境背景，结合我国公务员职位匹配的限制条件，认为我国在方向上应该采用类似美国的职位评价技术。该文并提出了简易职位匹配技术开发的基本思路，即采取职位评价的方法，通过公务员和企业职位的“内部属性”和“外部属性”建立起二者的匹配和对应关系，进而进行工资比较。①

总体来看，当前国内对公务员工资水平决定机制的研究还处于起步阶段，研究内容和主题较为分散，缺乏整合性、系统性的研究，并未形成较为统一的融合理论、操作方法乃至政策实践的研究。某种程度上而言，这也由于我国公务员工资的敏感性、封闭性所导致的。由于我国公务员工资管理处于较为封闭和保密的状态，工资管理的过程、公务员的工资水平等信息和数据是不对社会开放的。与此同时，公务员的工资的复杂性却是很高，职位级别工资制下虽然基本工资阳光透明，但是各机关、各地方的津贴情况却各具特色，较为混乱，更何况还有更加

---

① 熊通成：《公务员工资调查比较的简易匹配技术探索》，载于《第一资源》2013 年第 8 期，第 13～25 页。

难以计量的公务员的福利和住房等。由于缺乏真实的数据和实地的访谈，使得我国中央和地方公务员真实的工资水平仍然处于较为黑箱的状态。这也导致以往的研究较多从纯文本出发，讨论公务员工资的“应然”状态。

二、国外研究综述

国外对公务员工资领域的研究较为丰硕，研究领域涵盖了公务员工资制度、公务员与企业人员工资比较等领域。特别是对于如何决定公务员工资水平方面，从不同角度提出了有益的研究成果。

（一）对传统公务员工资制度的批判

在新公共管理运动浪潮下，作为政府传统人事管理的重要组成部分，西方发达国家的公务员工资管理体系也受到了挑战和批判。以美国为例，Howard Risher（2005）认为，[①] 经过 50 多年的发展，美国联邦政府以通用工资表（GS）为基础的工资体系面临非常严重的问题，很难跟得上市场的发展，主要问题包括：第一，现有的工资体系导致工资文化忽略了绩效的重要性；第二，官僚主义浓郁，工资体系缺乏灵活性和回应性；第三，工资体系缺乏市场敏感性，无法保持市场竞争力。在这种情况下，即使联邦政府公务员本身对工资水平也不甚满意。根据美国人事管理署 1992 年对联邦政府公务员进行的调查结果显示，只有 31% 的受访者认为和其他组织人员的工资水平相比，联邦政府公务员获得的工资是公平的。[②] Risher 认为应该将企业工资管理的方法运用到政府中，具体而言，要着重结合政府的特点引进宽带薪酬，改变工资结构；强化绩效工资体系，突出工资与绩效的紧密联系。

总体来看，对传统公务员工资管理的批评主要集中在两点：一是缺乏外部公平性，即公务员的工资水平和私营部门员工相比始终处于偏低的状态，导致公务员的满意度较低、人员流失现象明显；二是缺乏内部公平性，公务员的工资和绩

---

① Risher H. How much should federal employees be paid? The problems with using a market philosophy in a broadband system [J]. Public Personnel Management, 2005, 34 (2): 121 - 140.

② Risher H W, Fay C H. New strategies for public pay: Rethinking government compensation programs [M]. Jossey-Bass, 1997.

效相关程度低，无法激励公务员为提升自身绩效水平而努力。美国联邦薪酬委员会主席 Stephen E. Condrey（2012）① 虽然并不认同通用工资表已完全过时的观点，但是仍然认为，应该针对传统的工资体系进行系统而细致的优化变革，具体来说，一方面要取消通用工资表 15 个等级每年采取相同的增长率的方法，根据每个等级与劳动力市场的比较来进行灵活而非统一的增长，以解决当前通用工资表中级别较低的职位工资偏高、而级别较高的职位工资偏低的不平衡现象；另一方面扩大通用工资表每一等级的工资区间的幅度范围，实行宽带薪酬，赋予工资表更高的灵活性和激励性。

（二）对公务员工资水平的研究综述

归根结底，公务员工资的问题核心是公务员工资水平如何定位、应该保持何种水平。公务员工资能否实现内部公平（一致性）和外部公平（竞争性）的目标，皆有赖于把公务员工资确定到合理的水平上。在确定联邦公务员工资的指导原则方面，Kelley（2012）② 认为，为美国联邦公务员支付工资需考虑到多种价值观的需求。联邦公务员工作内容具有多样性，从总体来看，公务员对工作充满热情、组织承诺度较高，与此同时公务员工资从本质上来源于纳税者，所以政府在确定公务员工资水平时应该确保公平性、民众可接受、公开透明，并确保能够吸引和保留高素质的人力资源，寻求两方面的平衡。具体到公务员工资水平的确定，Kelley 认为联邦政府应当成为劳动力市场中的模范雇主，保证努力工作的公务员能够成为并保持中产阶级的水平。

但是，值得注意的是，政府要成为劳动力市场中的模范雇主并不一定意味着政府像企业一样实施“工资领先”的政策。公务员工资水平的决定更为复杂，受到更多因素的影响。公务员作为一种职业，是在政府这一特殊的雇主组织中工作，相比私营部门而言具有一定的特殊性，具体而言，不少研究者指出，从事公务员职业意味着公务员自身要认同公共服务，具有一定程度的牺牲精神，比普通

---

① Condrey S E, Facer R L, Llorens J J. Getting It Right: How and Why We Should Compare Federal and Private Sector Compensation［J］. Public Administration Review, 2012, 72（6）: 784 – 785.

② Kelley C M. A Balanced Pay System Serves Our Nation［J］. Public Administration Review, 2012, 72（6）: 782 – 783.

人更多地受到公共服务动机的驱动（Perry & Hondeghem，2008）。[①] 同时，这也意味着政府本身也更倾向于雇用具有较高公共服务动机水平的劳动者。因而，驱动公务员提供高质量公共服务的动机更为复杂，既可能包括工资等物质收入，也可能包括公共服务动机。所以，在确定联邦公务员工资时，另外一个值得考虑的问题是，向公务员支付具有市场竞争力的工资是否会带来公务员努力程度和工作效率的提高、公共服务的提升和绩效的改善，而这恰恰是企业战略性薪酬管理的重要假设，并得到了企业界广泛的验证（Shapiro & Stiglitz，1984）。[②]

Jeannette，Ranald（2011）[③] 根据2005年国际社会调查项目（工作倾向）（International Social Survey Programme，ISSP：Work Orientations）数据，选取了9961名来自美国、加拿大等15个国家的公共部门和私营部门工作人员数据，分析了工资和公共服务动机对公务员努力程度的影响，研究结果表明，对于15个国家的公务员而言，工资和公共服务动机都会对其努力程度产生显著的影响。就工资而言，公务员工资平均每增长0.24%，其努力程度就会增加1%。Davis，Gabris（2008）[④] 基于效率工资理论，以芝加哥大区的公务员为被试，进行了工资福利调查和服务质量调查两个独立的问卷调查，研究结果发现在其他条件一致的情况下，具有市场竞争性的工资对服务质量提升有显著的预测作用，从而证明了效率工资理论同样适用于公共部门，即具有竞争性的工资水平能够带来公务员绩效的提升和公共组织达成结果。Ali（2013）在马来西亚进行类似的研究也得到了相同的结果。[⑤]

公务员工资除了会影响其努力程度、工作积极性之外，也会对公务员离职率

---

① Motivation in public management：The call of public service：The call of public service［M］. Oxford University Press，2008.

② Shapiro C，Stiglitz J E. Equilibrium unemployment as a worker discipline device［J］. The American Economic Review，1984：433－444.

③ Jeannette Taylor and Ranald Taylor. Working Hard for More Money or Working Hard to Make a Difference? Efficiency Wages，Public Service Motivation，and Effort［J］. Review of Public Personnel Administration，2011，31（1）：67－86.

④ Davis T J，Gabris G T. Strategic Compensation Utilizing Efficiency Wages in the Public Sector to Achieve Desirable Organizational Outcomes［J］. Review of Public Personnel Administration，2008，28（4）：327－348.

⑤ Ali M. Efficiency wages，public service motivation and effort in Malaysia：An empirical case study of Universiti Sains Malaysia［D］. Murdoch University，2013.

产生一定的影响。Lee，Whitford（2008）[①] 根据美国人事管理署对联邦行政部门10万余名公务员进行的调查数据进行分析发现，公务员对工资的不满意感是影响其离职意愿的显著因素，而且这一效应在联邦政府高级公务员中最为显著。Selden（2000）[②] 根据美国劳工统计局、1998年美国政府绩效项目等数据，采用最小二乘法进行回归分析，发现在美国的州政府中，向公务员提供的工资越高，公务员的离职率就越低。

不过，尽管公务员工资水平能够对公务员产生较大的影响，同时值得注意的是，相关的研究也表明，公务员实际上能够忍受一定程度的工资偏低的情况。例如，尽管联邦政府公务员工资和私营企业人员工资差异越来越大，但是公务员的离职率却没有显著变化（Lewis，1991）[③]。这往往可以从三个方面进行解释：第一，Jeannette & Ranald（2011）和 Ali（2013）的研究都表明，无论是在美国、加拿大还是马来西亚，公共服务动机的确是影响公务员努力程度的重要因素，而且公共服务动机对公务员努力程度的影响甚至要高于工资产生的影响，因此公共服务动机确实在某种程度上能够弥补工资偏低的不利影响。第二，政府等公共部门中的女性和少数族裔的公务员比例相对私营部门较大，而且在政府中性别、种族等因素带来的工资差异很小，私营部门中存在比较显著的性别和种族工资差距，这就使得这部分群体更容易满足在政府等公共部门中获得的工资水平，即使相应的职位在企业中工资水平更高（Llorens J J，Stazyk E C，2011）。[④] 第三，与大部分私营部门相比，政府为公务员提供的福利更为优厚和多元化，是吸引和保留公务员的重要因素。有意思的是，Selden（2000）的研究就发现，州政府为公务员提供的内部托儿所福利是影响其离职率的重要因素，提供内部托儿所福利的

---

① Lee S Y, Whitford A B. Exit, voice, loyalty, and pay: Evidence from the public workforce [J]. Journal of Public Administration Research and Theory, 2008, 18 (4): 647 – 671.

② Selden S C, Moynihan D P. A model of voluntary turnover in state government [J]. Review of Public Personnel Administration, 2000, 20 (2): 63 – 74.

③ Lewis G B. Turnover and the quiet crisis in the federal civil service [J]. Public Administration Review, 1991: 145 – 155.

④ Llorens J J, Stazyk E C. How important are competitive wages? Exploring the impact of relative wage rates on employee turnover in state government [J]. Review of Public Personnel Administration, 2011, 31 (2): 111 – 127.

州政府的离职率更低，且该项福利对离职率的影响系数甚至和工资水平是一样的。① 因此，如果从全面薪酬的角度来看，优越的福利的确能够在一定程度上弥补公务员工资水平的不足。

（三）有关公务员工资水平决定机制的研究综述

应该来说，发达市场经济国家早就接受了劳动力市场的工资信号发现功能及其在劳动力配置方面的作用，并且很早就在理论上证明了政府公务员工资必须参照企业工资来决定。可比性原则是大多数发达市场经济国家已经广泛接受的涉及建立公务员工资与企业工资调查比较机制的一个基本原则。Howard Risher (1999)② 就认为，随着私营企业越来越强调为职位进行市场定价、对外部公平性的重视超过内部公平性的重视，美国政府也在进行重要的工资哲学和管理实践的转变，即更加强调和注重保持职位的外部竞争性，而并不是像以前那样更加强调内部一致性。此外，Rynes，Milkovich （1986）③ 认为工资决定的重要因素已经逐渐从职位评价转移到市场工资调查。Bender （1998）④ 认为，基于市场对比的公共部门和私营部门工资指数连接机制是保持两者间动态平衡的决定机制之一。Odden，Wallace （2006）⑤ 则指出，公共部门员工工资的制定依据应当是：能够吸引和留住具有较高资格条件的人才；具备市场水平的可比性；以由市场形成的参照性职业的工资水平为标杆。Smith （1975⑥，1977⑦） 对美国公共部门和

---

① Selden S C, Moynihan D P. A model of voluntary turnover in state government [J]. Review of Public Personnel Administration, 2000, 20 (2): 63 -74.

② Risher H. Are Public Employers Ready for aNew Pay'Program? [J]. Public Personnel Management, 1999, 28 (3) .

③ Rynes S L, Milkovich G T. Wage surveys: Dispelling Some Myths About The "Market Wage" [J]. Personnel Psychology, 1986, 39 (1): 71 -90.

④ Bender K A. The Central Government-Private Sector Wage Differential [J]. Journal of Economic Surveys, 1998, 12 (2): 177 -220.

⑤ Odden A, Wallace Jr M J. Redesigning Teacher Salary Structures: A Handbook For State And Local Policy Makers [C]. A Handbook Presented And Distributed At The State Policy Forum On Teacher Compensation Sponsored Jointly By The Education Commission Of The States And The Joyce Foundation. Denver: Education Commission of the States, 2006.

⑥ Smith S P. Pay Differentials Between Federal Government And Private Sector Workers [J]. Indus. & Lab. Rel. Rev. , 1975, 29: 179.

⑦ Smith S P. Pay Differentials Between Federal Government And Private Sector Workers: Reply [J]. Industrial and Labor Relations Review, 1977: 82 -87.

私营部门间的工资差异进行了研究，并就公共部门工资水平影响因素中的“性别”要素对男性和女性员工工资的影响进行了定量比较。Dustmann，VanSoest（1998）① 运用1984～1993年间的德国经济统计数据分析了教育、婚姻状况、年龄等变量在公共部门和私营部门两部门间工资动态平衡中所起的作用。Milanowski（2003）② 则分析了作为公务员的教师工资水平要以受教育程度、年龄和经验作为与私营部门从业者进行市场对比的可比标准，并就参照性职业进行比较。

同时，发达市场经济国家更为警惕公务员的工资水平因内部人控制而高于私营部门或应当达到的工资水平，特别注意进行公－私工资差距比较。例如，Fogel，Lewin（1974）③ 指出，由于公共部门的各种活动是不能拿到市场上去交易的，因此，很难评价公共部门创造的价值，因此，在决定公共部门的工资时只能根据私营部门对类似活动提供的工资加以估计，当正如私营部门中存在竞争不充分情况时工资水平同样会偏离完成竞争状态的工资水平一样，公共部门的工资水平决定就存在一个较大的可选空间或范围，最终的结果是工资决定的政治过程会导致公共部门的工资水平高于私营部门。

Tiagi（2010）④ 通过运用加拿大2008年的劳工调查数据，对于加拿大公共部门和私营部门的工资差距进行了研究，结果发现，在加拿大确实存在公共部门的工资水平要高于私营部门的工资水平的问题，而且两个部门之间工资差距还在扩大，因而加拿大政府控制公共部门工资增长的做法是有道理的。

Dell'Aringa 等人（2007）⑤ 则对意大利不同地区的公共部门和私营部门工资差别问题进行了研究，研究发现，公私部门之间的工资差距在意大利不同地区之间差别很大，其中的一部分原因在于意大利不同地区的劳动力市场状况差别很大，而这种差别对私营部门的工资影响较大，对公共部门工资的影响却不那么

---

① Heitmueller A，Mavromaras K G. On The Post-Unification Development Of Public And Private Pay In Germany［J］. The Manchester School，2007，75（4）：422－444.

② Milanowski A. Varieties of Knowledge and Skill－Based Pay Design［J］. Education Policy Analysis Archives，2003，11：4.

③ Fogel W，Lewin D. Wage Determination In The Public Sector［J］. Industrial and Labor Relations Review，1974：410－431.

④ Tiagi R. Public Sector Wage Premium In Canada：Evidence From Labour Force Survey［J］. Labour，2010，24（4）：456－473.

⑤ Dell'Aringa C，Lucifora C，Origo F. Public Sector Pay And Regional Competitiveness. A First Look At Regional Public-Private Wage Differentials In Italy *［J］. The Manchester School，2007，75（4）：445－478.

明显。

特别值得一提的是，美国1990年《联邦工资比较法》要求每年就联邦政府公务员工资与企业人员进行比较，从而确定工资调整比率。所以，美国研究联邦公务员与企业相当人员工资的研究非常丰富，而且形成了几种不同的比较思路。从方法论的角度来看，在美国研究联邦公务员与企业相当人员工资比较问题主要有两种方法：人力资本法和职位分析法。

人力资本法就是要控制尽可能多的那些能够影响工资的相当人员个人特征因素。当那些具备相似特征的相当人员进行比较时，他们在工资上的差异就有可能是因为不同的工作部门引起的。当然有的时候工资差异很难解释，因为一些特质是难以被量化和被模型化的。美国国会预算办公室（CBO）研究、美国企业机构（AEI）的研究都采取了这种方法。

职位分析法基于不同部门中职位的职责和责任，比较在类似职位上相当人员的工资。这种方法的假设是：不管相当人员个人的特征有何区别，相同或相似的工作应当得到相同的报酬。利用职位分析的方法是比较工资差异的重要工具，理想状态的职位比较需要找到工作任务、工作职责、工作技能、工作复杂程度相近的职位。美国总统薪酬管理办公室在研究联邦公务员和企业相当人员工资比较的时候采用了职位分析法

采用不同的研究方法导致对联邦公务员与企业人员工资差距的结论存在截然相反的结论。采用人力资本法进行比较的结论是在具备类似人力资本水平的人群中，公务员获得工资水平比企业人员工资高；而采用职位分析法进行比较的结论却是在从事同等职位价值的人群中，公务员获得的工资水平比企业人员低，这一点在高级公务员中体现的最为显著。

通过对国外关于公务员工资水平及决定机制相关研究进行考察很容易发现，西方发达国家普遍认识到公务员工资的重要性，以及公务员工资水平在公务员工资制度中的核心地位，从而对公务员工资进行了较为全面的研究。在实践方面，已经将公共部门和私营部门之间的工资比较视为理所当然，并且认同在公共部门的工资决定方面奉行与私营部门具有可比性原则，并且美国、英国、日本等国家都已经建立了相当成熟的公共部门和私营部门工资比较机制。所以，国外学者的研究更多地关注的是公共部门和私营部门之间的实际工资差距，衡量这种工资差距的方法以及这种差距是否具有合理性。不过由于西方国家公务员工资制度经历

多年的发展已经相对成熟和完善，西方研究更为关注公务员工资水平的结果以及由此带来的影响，对于实践中具体的比较方法以及比较的理论基础等关注较少。事实上这再一次反映了在市场经济中，受到多重因素工资交叉影响的工资水平是市场运行的结果，试图模拟工资决定过程是不现实的。

第三章　我国公务员工资水平的现状及问题

第一节　新中国成立以来我国公务员工资制度的演进

新中国成立以来，我国公务员工资制度有较长的形成和发展历程。新中国成立初期，我国建立了适应了计划经济的公务员货币化工资制。随着经济社会体制改革的推进和计划经济向市场经济的转变，公务员工资制度经历了几次重大变革。回顾、梳理新中国成立以来公务员工资制度的变革，理解公务员工资制度改革与发展的逻辑，是进一步深入分析公务员工资决定机制的重要基础。

第一阶段：传统工资制度的确立。

从1949年新中国成立到1956年社会主义制度基本建立期间，是我国新民主主义向社会主义过渡时期。过渡时期公务员工资制度的特征有较为浓厚的时代烙印：由于多年的革命与战争，形成了革命根据地和解放区的供给制和原国民党统治区保留的旧工资制度并存的情况。鉴于较为混乱和不便管理的情况，1952年国家实行了工资分制，即统一以工资分作为公务员的工资标准，而且工资分并不是以货币为标准，而是以实物为标准，从而有利于在全国各地区之间收入水平、生活消费水平和物价水平还存在较大差异的情况下，统一全国的工资水平。但正由于工资分并不是以货币为单位，因此工资分制还不能算是现代意义上的工资制度，是符合我国过渡时期的较为特殊的工资制度。

1956年，随着社会主义制度基本确立，国家各项事业趋于稳定和统一。针对公务员工资管理较为分散的现状，国家着手公务员工资改革，于1956年发布《关于工资改革的决定》，取消了过渡时期的工资分制，实行直接统一按货币规定工资标准的工资制度，并建立起职务等级工资制：国家机关人员的工资标准共包括 30 级，其中行政人员从 1 级至 27 级；一个职务对应几个级别，相邻级别之间存在一定交叉。同时，由于历史发展的因素，全国各个地区之间的物价水平、生活费用水平、交通成本等存在较大的差异，为了在公务员工资中体现出不同地区的生活成本差异，特别是适当照顾重点发展地区和生活条件艰苦的地区，把全国划分为十一类工资大区，不同工资大区内相同级别的人员工资水平存在一定差异，例如就同级别工作人员的工资水平而言，第十一类区的工资水平比第一类区高 30%。就工资制度日常管理方面，中央政府对全国范围的国家机关乃至事业单位工作人员的工资制度进行集中统一管理。

由于在计划经济体制下，政府对国家机关和企事业单位实行统一管理，因此 1956 年公务员工资改革是我国整体工资改革的一部分，这次改革奠定了公务员工资制度的基础，标志着传统公务员工资制度的基本形成，其强调的“级别”因素产生了深刻影响，为我国日后公务员确立的职务级别工资制度奠定了基础。从 1956 年建立至 1985 年期间，这套公务员工资制度没有进行大规模的改革与调整，基本符合当时计划经济体制的需要。但是随着改革开放政策的实施与国家政治、经济、社会制度的改革以及该制度本身存在的问题，其越发暴露出严重的局限性：平均主义色彩浓厚，工资能上不能下，工资体制僵化，工资水平整体低下等等，导致公务员工作热情受到一定的影响，工作效率较为低下，已经和改革开放的大环境、快速发展的经济难以适应。

第二阶段：1985 年工资制度改革。

由于传统的公务员工资制度已经难以适应新时期改革开放的要求，建立符合和体现按劳分配原则的工资制度已经迫在眉睫。1985 年党中央对 30 年来的传统工资制进行了大规模的变革，主要内容是把公务员和事业单位人员的工资制度与企业人员工资相分离，在国家机关和事业单位中实行结构工资制：即由传统的职务等级工资制转变为以职务工资为主的结构工资制。

1985 年公务员工资制度改革以《国家机关和事业单位工作人员工资制度改革方案》（中发［1985］9 号）为指导，根据该方案，国家机关行政人员、专业技术人员均从新中国成立后的职务等级工资制转变为结构工资制。结构工资制以职务工资为主要内容，将之前与现行的各种工资收入（包括标准工资、副食品价格补贴、行政经费节支奖金、改革后决定增加的工资水平）合并在一起，并根据不同的职能类型，将公务员工资具体划分为基础工资、职务工资、工龄津贴、奖励工资四个组成部分。在公务员工资的四个组成部分中，各部分的工资发挥着相应的职能和作用：基础工资的职能是大体上维持工作人员的基本生活水平，在计算时根据其基本生活费来确定，所有政府工作人员的基本工资是相同的，为四十元；职务工资按照工作人员的职务高低、责任大小、工作复杂程度和业务技术水平确定，每一职务级别内均设立几档工资标准，上下职务之间的工资适当交叉，政府工作人员的职务工资随其职务的变动而变动；工龄津贴由政府工作人员的工作年限决定，逐年增长，其计算标准为每工作一年发放 0. 5 元；奖励工资是用于对在工作中较好完成任务、做出较大贡献的政府工作人员进行相应的奖励，由政府工作人员的工作实绩来决定，具有可变性和浮动性。

与 1956 年确立的公务员工资制度相比，此次公务员工资制度改革具有较大的突破性和创新性，反映出科学、完善的人事管理和工资管理制度的要求。此次改革改变了以往较为单一的工资制度，确立了更加科学的结构工资制，从而有利于发挥不同工资结构的多重功能；在分配公平方面，着重强调按劳分配的原则，特别规定了具有浮动性、差异性、激励性的奖励性工资作为组成部分，这对于调动公务员的积极性、提高公务员工资的激励性具有积极意义。但在实践过程中，结构工资制存在一定不足：第一，在工资的四大组成部分中，基础工资所有人员都是一致的，工龄工资的水平过低，奖励性工资的可变性和稳定性不足，实际上意味着职务工资成为工资的主体部分，导致了只有职务得到晋升的前提下才会增加工资，对于职务等级较低、但数量众多的基层公务员来说具有很大的不公平性，容易产生职务和工资晋升的天花板，导致其工资水平偏低，影响工作的积极性。第二，结构工资制的四个组成部分在实际运行中各自发挥的功能有限：基础工资仅 40 元，保障性较差；职务工资等级差距没有拉开；共领津贴标准太低；奖金在政府机构实际运行中成为轮流坐庄或平均发放，无法发挥出激励作用。第三，此次公务员工资改革的进步之处在于把公务员工资和企业人员工资区分开来，改变了以往政府大一统的局面，对于充分发挥市场的作用、提高企业人员工资的灵活性有重要意义，但是并没有把公务员工资和事业单位人员工资进行分离，是需要进一步改革的地方。

第三阶段：1993 年公务员工资制度改革。

1992 年中国共产党十四次全国代表大会正式提出建立社会主义市场经济体制。1993 年，国务院颁布《国家公务员暂行条例》，标志着我国开始建立现代意义的国家公务员工资制度。在这样的背景和环境下，如何建立符合社会主义市场机制和国家公务员制度的公务员工资制度、将公务员工资纳入市场经济的轨道成为公务员工资改革的方向。

1993 年 10 月，公务员工资制度开始由结构工资制转变为职级工资制，即与公务员职业相适应的职务级别工资制。所任职务，是指按管理权限由任免机关正式任命的职务。公务员的级别是与职务区别开来但存在密切联系的要素，级别由公务员所担任的职务及所在职位的责任大小、工作难易程度以及自身的德才表观、工作实绩和工作经历决定。此次改革延续并发展了结构工资的思路，根据不同职能将工资划分为职务工资、级别工资、基础工资和工龄工资四个部分。和 1985 年确立的结构工资制相比，此次改革的显著特点是增加了级别工资这一构成部分，并使职务工资和级别工资成为工资的主体。公务员的职务工资由职务来决定，综合考虑职务高低、职务责任轻重和工作难易程度等因素。级别工资则由公务员个人方面的因素来决定，综合考虑公务员本身的资历和能力水平。与职务等级不同，公务员的级别工资共十五级，每个级别分别设置了相应的工资标准。基础工资和工龄工资则延续了 1985 年的公务员工资制度改革，但均提高了工资标准，体现了社会中物价水平和生活费用的上涨：基础工资由每人每月 40 元上升为 90 元，工龄工资标准由每年 0.5 元上升为 1 元。

除了职级工资制外，此次改革明确规定了公务员津贴制度，把津贴作为公务员工资收入的重要组成部分。津贴分为岗位津贴和地区津贴，岗位津贴是指对在特殊岗位上工作的人员发放岗位津贴；地区津贴是指根据不同地区的自然禀赋和地理环境、经济发展水平等因素，建立起地区津贴制度，并将其划分为艰苦边远地区津贴和地区附加津贴两种，前者反映出工资的补偿作用，后者在某种程度上“赋予”地方调整公务员工资的权利，努力发挥工资的激励和导向作用。但是，改革方案中提出将于 1994 年出台地区附加津贴的具体规定，不过却由于种种原因始终未能出台，为日后地方政府和机构滥发“津补贴”埋下了伏笔。

值得一提的是，1993 年公务员工资改革方案首次提出公务员工资水平调整机制，即规定在公务员按照规定正常晋升自身的职务工资和级别工资档次和级别的同时，国家要定期调整公务员工资标准。具体而言，改革方案规定“要根据城镇居民生活费用的增长情况，适当提高基础工资；根据国民经济发展和企业相当人员工资水平的增长，定期调整职务工资、级别工资和工龄工资标准。”不过方案并未规定公务员工资水平调整的具体程序和内容。

这次改革进一步完善了工资结构形式，尤其突出之处在于增设或者说某种程度和形式上恢复了级别工资，其目的在于基于科级以下公务员占比数量很高，设立级别工资有利于其不晋升职务的情况下增加工资，从而增强了工资的激励功能。此次改革着重提出建立正常的工资增长机制，并提出来了相应的原则，对以往公务员工资制度而言是较大的进步，完善了公务员工资制度体系。另外，此次改革还实现了公务员和事业单位人员工资制度的脱钩。但从实践来看，此次改革确立的职级工资制仍发现一定问题，如工资等级数量较少、不同等级之间的工资级差小，既不利于调动级别较高公务员的工作积极性，损害公务员工资的内部公平性，也限制了基层公务员工资水平增长的空间。另外，一直以来的基础工资基本不能够维持公务员基本生活，已经名不副实。

第四阶段：2006 年公务员工资制度改革。

2006 年《公务员法》颁布之后，根据《公务员法》的若干规定，结合公务员工资制度发展过程中出现的问题，我国公务员工资制度进行了新阶段的改革。公务员工资确定为国家统一的职务与级别相结合的制度，具体来说，职务工资实行每个职务等级对应一个工资标准，级别工资实行一个级别对应多个档次的工资标准，并延续了职务工资和级别工资在工资中的主体地位。在职务工资和级别工资两项构成中，级别工资的比重略大于职务工资。

第一，改革公务员职级工资制。在 1985 年工资改革业已确立的结构工资制的基础上，进一步修改工资结构构成，完善公务员工资类别划分。公务员基本工资构成由原来的职务工资、级别工资、基础工资和工龄工资四项减少为职务工资和级别工资两项，取消“名不符实”的基础工资和标准过低的工龄工资。针对级别工资中级别数量较少带来的弊端，公务员的级别由过去的 15 个增加到了 27 个，增加了级别工资的数量。

第二，进一步完善津贴、补贴制度。鉴于 1993 年公务员工资改革在一定程度上释放了地方和各机构部门的“自主”权力，使得滥发津补贴的现象层出不穷，津补贴在实际上占据了工资的主体部分，此次公务员工资制度改革要求在清理和规范津贴、补贴的基础上，实施地区附加津贴制度，完善艰苦边远地区津贴制度和岗位津贴制度。

第三，建立健全工资水平正常增长机制。将1993年提出的公务员工资定期调整的原则加以细化，提出建立工资调查制度，定期进行公务员和企业相当人员工资收入水平的调查比较，根据工资调查比较的结果，结合国民经济发展、财政状况、物价水平等情况，适时调整机关工作人员基本工资标准。

第四，实行年终一次性奖金。奖金作为具有激励性的工资构成部分，发挥着激励公务员提高绩效水平的重要作用，此次改革细化了奖金的发放条件和标准：发放对象为年度考核称职及以上的公务员，奖金水平标准为公务员自己当年12月份的基本工资。

2006年公务员工资改革是在过去工资制度改革的基础上在新时期进行的较大规模的改革，其突出特点包括：第一，进一步改革和完善了工资的构成种类，并在此基础上，提高了公务员的职务工资和级别工资标准，从而落实了公务员工资调整原则，并体现了经济发展的客观形势。第二，强调在清理规范津贴补贴的基础上完善津补贴制度。第三，再次强调建立公务员工资正常增长机制，并提出了明确的方法机制，即进行工资调查与比较，为完善公务员工资决定机制提供了路径和方法。

第二节　从公务员工资制度演进分析公务员工资水平及其决定机制

从我国公务员工资制度的形成与改革的演进过程，我们可以分析出我国公务员工资水平、公务员工资水平决定机制的一些规律性特点：

第一，公务员工资水平的标准在逐步提高。

改革开放后，随着经济社会的发展，历次公务员工资制度改革都伴随着公务员工资标准的增加。具体而言，通过提高公务员职务、级别的工资标准，提高公务员工资水平，从而适应国民经济的发展水平和物价水平等环境要求。1985年以来公务员工资标准的提高具体情况见表3-1。

表 3－1　**1985 年来公务员工资标准的提高具体情况**　单位：元

职　务	工资标准				
	1985 年	1993 年	2003 年	2006 年	2015 年
国家级正职	455	1 115	2 846	7 420	12 557.5
国家级副职	345	983.5	2 451.5	6 375	10 675
省部级正职	280	881	2 171.5	4 979	8 804.5
省部级副职	245	769	1 933	4 127	7 585
厅局级正职	195	668	1 653	3 247	6 110.5
厅局级副职	165	580.5	1 422	2 631.5	5 084
县处级正职	146	490.5	1 210.5	2 191.5	4 359.5
县处级副职	127.5	422.5	1 029.5	1 833	3 728
乡科级正职	110	374	885	1 530	3 137.5
乡科级副职	94.5	334.5	788	1 324.5	2 733
科　员	80.5	309.5	727.5	1 187	2 454.5
办事员	67	270	642.5	1 055.5	2 175
最高：最低	6.79	4.13	4.43	7	5.77

注：（1）1985 年的工资标准 = 基础工资 + 职务工资；（2）1993 年以后的工资标准 = 基础工资 + 职务工资 + 级别工资，其中职务工资 =（各级职务工资的最高值 + 最低值）/2，级别工资 =（各职务等级对应的级别工资的最高值 + 最低值）/2。

数据来源：1985 年、1993 年、2006 年中共中央、国务院发布的关于公务员工资制度改革的文件以及 2003 年、2015 年公务员工资标准文件。

在不考虑物价水平、消费水平、购买力等方面的因素的情况下，公务员名义货币工资水平自 1985 年以来有了大幅度的提高。从调整幅度来看，1993 年相对 1985 年工资增长幅度最大；从调整的绝对额来看，历次增加的幅度在逐渐增大，特别是 2015 年相对于 2006 年以来的工资标准的调整，有了大幅度的提高，这也反映出经济发展水平和社会工资水平的快速增长。1993 年公务员工资制度由结构工资制转变为职级工资制，在原来工资结构的基础上增加了级别工资。2006 年公务员工资制度改革的突出特点是在大幅度提高职务工资和级别工资标准的基础上，大幅度增加了公务员的级别数量，即公务员的级别由现行 15 个调整为 27 个，从而大大提高了公务员工资增长的区间，与此相对应的是，最高工资与最低工资的比值为7，也达到了历史最高水平。2015年公务员工资调整的突出特点是在职务和级别工资标准提高的同时，将部分津贴补贴或绩效工资纳入基本工资，从而适当提高基本工资的比重，并冻结规范津贴补贴工资增长，津补贴标准根据职务层次相应减少。

国家公务员工资标准的提高，是适应国民经济发展水平、建设和社会主义市场经济相吻合的公务员工资制度的重要途径，是推行国家公务员制度的重要组成部分。公务员工资标准的提高，体现了改革开放以来收入分配制度的进步，反映出劳动者工资水平普遍提高的事实，同时也对社会其他类型劳动者工资情况有一定的借鉴和示范意义。对公务员而言，工资标准的提高有利于调动公务员工作的积极性，激发公共服务动机和奉献精神，促进其更加廉洁、高效地从事公共管理等公职，为民众提供公共产品和服务，提高行政效率，为建设和完善公正透明、廉洁高效的行政管理体制发挥了重要作用。

第二，职务始终是工资水平的决定性因素。

我国公务员当前实行的是职务与级别相结合的工资制度。其中，职务是指组织内具有相当数量和重要性的一系列职位的集合或统称，是一组重要责任相似或相同的职位集合，因此职务是和职位所在的层级或等级相关，而并非西方国家人力资源管理中的职位的概念和意涵。这表明，在我国，公务员的职务比人力资源管理中的“职位”更具有决定作用，而我国也的确并没有开展科学的职位分析工作。这也正表明，职务所在的层级（即通常所说的“行政级别”）基本上决定了公务员所能获得公务员工资的上限和下限。

从新中国成立以来公务员工资制度的历次变革，虽然在工资结构等方面有一些重要变化，但是贯彻始终的是公务员的职务及级别决定了公务员工资水平，其中公务员的职务又很大程度上决定了其级别。1956年公务员工资改革确立的职务等级工资制，明确把公务员工资标准分为30级，其职务等级决定了工资水平。1983年确立的结构工资制，丰富了工资结构，但从其结构来看，基础工资是所有人统一的，因此根本上决定公务员工资水平的仍然是公务员的职务。1993年以来实行的职级工资制在职务工资之外增加了级别工资。从制度设计上来说，设立与职务与级别并行的工资制度是为了在职务等级数量相对稳定的前提下，通过增加级别的数量来保证公务员职务没得到提升的情况下，仍有机会提高自身的工资等级，从而改善基层公务员及级别较低的公务员工资标准过低的现象。不过在制度实践过程中，根据中央制定的公务员工资套改等级标准对照政策，级别工资与职务等级仍然有直接的对应关系（例如根据2006年工资改革方案，省部级正职职务对应的级别为四至八级）。因此仍然可以判定，公务员的职务等级从根本上公务员的职务确定了其工资水平的区间。特别值得一提的是，对于占据公务员实际工资收入较大比重的津贴和补贴而言，由于国家并没有实行统一的津贴、补贴发放标准，在各地各部门的实际操作过程中，往往根据公务员的职务来决定其津贴和补贴数额，从而进一步强化了公务员职务因素在影响其工资水平中的决定性作用。

第三，尚未建立起合理的、与市场经济相适应的公务员工资水平决定及增长机制。

从历次公务员工资制度改革情况来看，我国的公务员工资水平的调整周期过长，缺乏足够的灵活性，这和我国正处于快速发展时期的特征是不相符合的。改革开放以来每次公务员工资标准上调的时间间隔都比较长（平均为5年左右），相应的是工资标准提高幅度很大（增长率至少在70%以上），没有形成每年一度的公务员工资调整机制。这从深层次上反映出，我国公务员工资体系很大程度上和快速发展的国民经济是脱节的，在某种程度上形成了和市场相分离的、独立于市场之外的体系。我国始终没有建立起来科学的公务员工资水平决定机制，因而也就无法在影响工资水平的因素发生变化的情况下及时地确定和调整公务员工资的水平，及时地作出公务员工资水平增长或者下降的政策决定。在常规的公务员工资水平决定和调整机制缺位的情况下，我国公务员的工资标准调整缺乏规律性，调整周期过长、与市场工资水平越来越脱钩。例如，2006～2014年九年间，公务员职务工资和级别工资标准一直没有调整，而与此相对应的是，我国经济持续保持较快的增长速度，物价指数逐年上涨，企业中劳动者工资水平不断上升。这就使得公务员不仅无法享受到经济发展成果，却承受着不断提高的物价水平，工资无法发挥激励乃至保障作用。与公务员工资调整周期长密切联系的是每次工资调整幅度大，以弥补之前累积的“欠账”，这种特点既导致公务员在相当一段时间承受一定的生活压力，也使得每次公务员工资增加都可能面临社会公众对其调整幅度偏高的质疑，公务员和民众都对公务员工资不满意。因此，我国需要尽快确立科学、合理的公务员工资水平决定机制，通过法律法规的方式将工资调整周期固定下来，形成运行有效的机制调整公务员工资水平从而使公务员工资水平更及时地、更客观地反映经济的变化。

从历次公务员工资改革的内容来看，实际上中央政府已经注意到建立公务员工资水平决定机制和调整机制的重要性。1993 年公务员工资制度改革提出要定期调整工资标准，并提出了一些指导性原则，分别包括调整基础工资、职务工资、级别工资和工龄工资的标准。2006 年公务员工资改革在以上指导性原则的基础上，明确提出了建立公务员工资水平决定和调整机制的方式和路径：建立公务员与企业人员工资调查和比较制度，参照企业相当人员的工资水平确定和调整公务员的工资水平，并进行定期调整。这一路径本质就是建立起公务员与企业人员工资水平的调查与比较机制，从而进一步使公务员工资更加反映出市场的要求。这样，公务员与企业人员工资水平调查比较机制之后，建立起定期的公务员工资水平调整机制，“从而确保公务员工资水平调整与市场工资水平调整在时间上和幅度上的大体一致性，避免因两种工资水平的调整时间错位和调整幅度反差过大导致社会对公务员工资水平调整提出质疑甚至是责难，最终实现公务员工资调整的经常性和社会可接受性”。①

第四，津贴成为影响公务员工资收入的重要因素。

自从 1985 年起实行结构工资制，将公务员的工资分为几种不同功能的工资结构的方式延续至今。在公务员所能获得的全部工资收入中，基础性的工资（包括职务工资和级别工资）由中央政府统一制定标准，并在适当时候进行适当的调整，在全国范围内公务员职务和级别决定了其工资水平。按照中央政府设想以及管理学的基本原理，基础性工资应该占据工资收入的主要部分。但是，除此之外，1993 年以来，津贴成为影响公务员工资收入水平的重要因素。1993 年公务员工资制度改革建立起地区津贴制度，将其划分为艰苦边远地区津贴和地区附加津贴。其中艰苦边远地区津贴主要适用于一些特殊地区，实施过程中问题不大，而地区附加津贴是根据当地经济发展水平和生活费用支出等因素来定，既要试图弥补中央所定工资与地方实际生活水平的差距，还要弥补当地公务员工资水平与其他企业工资水平的差距。这样，地区附加津贴就成为地方政府可以自行利用的工资政策工具，地方政府及用人单位可以灵活运用地区附加津贴来调整本地区和

① 刘昕、柴茂昌、董克用：《新加坡公务员薪酬平衡比较机制及其启示》，载于《经济社会体制比较》2014 年第 4 期，第 59～67 页。

本单位的工资。地区附加津贴展现了巨大的负面效应，成为机构“自肥”工具。一些重要部门有各种额外收入，其中一部分就成为津贴的来源。从实际运行来看，这种津贴与当地生活成本、工资差距关系往往并不大，反而更多地取决于政府部门的“资金”汲取能力。这样，就造成了津贴占据比重较大的倒挂现象，导致不同地方、不同部门的公务员工资整体水平产生了较大的不正常的差距。基于这种不公平现象，2006 年公务员工资制度改革特别强调在清理津补贴的前提下完善津补贴制度，实行阳光化工资。但从 2006 年至今实际情况来看，并没有收到较为明显的效果。直到 2013 年中央发布 8 项规定、6 项禁令之后，公务员滥发津补贴现象才得到了有效的遏制，而这恰恰需要长期的制度建设来稳固规范津补贴的成果。

第三节　我国公务员工资水平现状及存在的问题

一、我国公务员工资总体水平偏低

从宏观层面来看，一般利用行业平均工资来比较行业间工资收入差距。根据 2013 年中国统计年鉴，可以分析出我国公务员工资水平与社会上其他行业员工之间工资水平的差距。虽然最新的统计年鉴中的行业分类中并没有明确说明公务员类别，但“公共管理、社会保障和社会组织”类别应与公务员职业类别大致吻合。

从统计年鉴数据来看，在 2012 年，公务员平均工资水平在 19 个类别中居于偏后位置，为第 13 位，平均工资为 46 074 元。与工资水平最高的金融行业（年平均工资为 89 743 元）相比，公务员平均工资水平仅达到其约一半的水平。特别是，公务员工资水平甚至低于采矿业、批发和零售业等行业平均工资水平。

另外，从 2002 ~2012 年间的工资累计增长率来看，公务员工资累计增长率为 200%，也处于第 13 位，属于偏后的位置。具体数据参见表 3 –2。

表 3-2 2003~2012 年各行业平均工资水平 单位：元

年份	农、林、牧、渔业	采矿业	制造业	电力、热力、燃气及水生产和供应业	建筑业	批发和零售业	交通运输、仓储和邮政业	住宿和餐饮业	信息传输、软件和信息技术服务业	金融业	房地产业	租赁和商务服务业	科学研究和技术服务业	水利、环境和公共设施管理业	居民服务、修理和其他服务业	教育	卫生和社会工作	文化、体育和娱乐业	公共管理、社会保障和社会组织
2003	6 884	13 627	12 671	18 574	11 328	10 894	15 753	11 198	30 897	20 780	17 085	17 020	20 442	11 774	12 665	14 189	16 185	17 098	15 355
2004	7 497	16 774	14 251	21 543	12 578	13 012	18 071	12 618	33 449	24 299	18 467	18 723	23 351	12 884	13 680	16 085	18 386	20 522	17 372
2005	8 207	20 449	15 934	24 750	14 112	15 256	20 911	13 876	38 799	29 229	20 253	21 233	27 155	14 322	15 747	18 259	20 808	22 670	20 234
2006	9 269	24 125	18 225	28 424	16 164	17 796	24 111	15 236	43 435	35 495	22 238	24 510	31 644	15 630	18 030	20 918	23 590	25 847	22 546
2007	10 847	28 185	21 144	33 470	18 482	21 074	27 903	17 046	47 700	44 011	26 085	27 807	38 432	18 383	20 370	25 908	27 892	30 430	27 731
2008	12 560	34 233	24 404	38 515	21 223	25 818	32 041	19 321	54 906	53 897	30 118	32 915	45 512	21 103	22 858	29 831	32 185	34 158	32 296
2009	14 356	38 038	26 810	41 869	24 161	29 139	35 315	20 860	58 154	60 398	32 242	35 494	50 143	23 159	25 172	34 543	35 662	37 755	35 326
2010	16 717	44 196	30 916	47 309	27 529	33 635	40 466	23 382	64 436	70 146	35 870	39 566	56 376	25 544	28 206	38 968	40 232	41 428	38 242
2011	19 469	52 230	36 665	52 723	32 103	40 654	47 078	27 486	70 918	81 109	42 837	46 976	64 252	28 868	33 169	43 194	46 206	47 878	42 062
2012	22 687	56 946	41 650	58 202	36 483	46 340	53 391	31 267	80 510	89 743	46 764	53 162	69 254	32 343	35 135	47 734	52 564	53 558	46 074
总增长率(%)	230	318	229	213	222	325	239	179	161	332	174	212	239	175	177	236	225	213	200

资料来源：根据《中国统计年鉴（2013 年）》计算整理。

根据国家统计局发布的2013年全国不同行业平均工资数据，全国城镇非私营单位就业人员年平均工资为51 474元，年平均工资最高的是金融业99 659元（具体数据参见表3－3）。公务员年平均工资为49 245元，低于平均水平，在19个类别中，居于中部偏后，排在第13位；增长率为6.9%，远远低于平均值10.1%，在所有行业中排名倒数第二。因此，从宏观上来看，多方面的数据已经表明，我国公务员工资水平总体是偏低的。

表3－3　2013年城镇非私营单位就业人员分行业年平均工资　单位：元

行　业	2012年	2013年	名义增长率（%）
合计	46 769	51 474	10.1
农、林、牧、渔业	22 687	25 820	13.8
采矿业	56 946	60 139	5.6
制造业	41 650	46 431	11.5
电力、热力、燃气及水生产和供应业	58 202	67 082	15.3
建筑业	36 483	42 072	15.3
批发和零售业	46 340	50 308	8.6
交通运输、仓储和邮政业	53 391	57 872	8.4
住宿和餐饮业	31 267	34 043	8.9
信息传输、软件和信息技术服务业	80 510	90 926	12.9
金融业	89 743	99 659	11.0
房地产业	46 764	51 048	9.2
租赁和商务服务业	53 162	62 543	17.6
科学研究和技术服务业	69 254	76 603	10.6
水利、环境和公共设施管理业	32 343	36 122	11.7
居民服务、修理和其他服务业	35 135	38 428	9.4
教育	47 734	51 951	8.8
卫生和社会工作	52 564	57 991	10.3
文化、体育和娱乐业	53 558	59 339	10.8
公共管理、社会保障和社会组织	46 074	49 245	6.9

如果进行跨国比较的话，更能发现我国公务员工资水平总体水平偏低的情况。在发达国家和地区，公务员作为具有较强工作保障的职业，其工资水平往往大大超过社会平均工资水平。以美国为例，根据劳工统计局于2013年5月发布

的各行业工资数据统计，美国共计约1.33亿就业人员的平均年薪为46 440美元，而美国联邦政府公务员的平均小时工资为34.47美元，平均年薪为71 690美元。① 通过比较发现，美国联邦政府公务员工资水平明显比各行业平均工资水平高，幅度高达55.4%（年薪），这说明其工资水平处于社会偏上等水平。再看中国香港，根据中国香港政府统计处公布的数据，2014年中国香港所有行业人员的每月工资中位数为14 800港币。② 而香港公务员薪级表共分50级（从0~49级，具体数据参见表4-8），月工资浮动范围为9 930~103 690港币，中国香港雇员月工资中位数（14 800港币）仅仅处于薪级表最低的第6~7级间。因此，和美国一样，中国香港公务员的工资水平也处于社会中上等水平。

发达国家和地区公务员工资水平处于社会中上等水平，和公务员职业本身要求较高的学历（普遍要求大学以上）和知识水平、多为管理类职位（市场中管理类职位工资相对偏高）有关，也反映出政府对公务员工资水平的定位和理念。如前文所述，我国公务员工资在社会行业类别中却长期处于偏后的位置，这不仅反映出我国公务员总体工资水平偏低，而且通过国际比较发现，这种现象也可能是不合理的。

二、工资构成比例不合理

根据薪酬管理理论，基本工资是组织根据员工所承担或完成的工作本身或者是员工所具备的完成工作的技能或能力而向员工支付的稳定性经济报酬，其特点是稳定性、固定性、基准性，一般而言应该工资总额较大的比重，从而保证向劳动者提供稳定的收入来源；奖金或浮动工资是工资体系中与绩效有直接关系的部分，发挥着激励劳动者取得更高绩效水平的功能；津贴和补贴是为了补偿员工特殊或额外的劳动消耗和因其他特殊原因支付给员工补偿性的工资，属于调节性工资，一般不占据较大的比重。有学者对美国、日本、德国、加拿大、澳大利亚、英国等六个典型发达国家的公务员工资结构进行研究，发现以上所有国家公务员的基本工资都占据主体地位，只有日本公务员的基本工资占比为60%~70%，其

① 资料来源：美国劳工统计局网站［EB/OL］. http://www.bls.gov/bls/blswage.htm#National.

② 资料来源：香港政府统计处网站［EB/OL］. http://www.censtatd.gov.hk/gb/.

他所有发达国家公务员的基本工资占比在70%～80%之间。①

当前，公务员基本工资包括职务工资和级别工资，根据表3－1所确定的工资标准，虽然相比2006年以前有了较大幅度的增长，但是处于偏低的状态。例如，针对占据我国比重最大的科级及以下公务员而言，根据2006年的工资标准，每月的基本工资（职务工资加级别工资）基本都在1 000元以下。因而在实践中，公务员工资构成比例失调是长期存在的问题，形成了低基本工资高补贴的不合理特点，具体体现在基本工资比重过低、津贴和补贴比重过大、奖金激励性不强。人力资源和社会保障部劳动工资研究所的调研结果发现，公务员的基本工资仅仅占据其工资总收入的30%，名目众多、各地各机构存在显著差异的公务员津贴和补贴占据了非常大的比重。②

以较早推行阳光工资的北京为例，根据北京市委办公厅、市府办公厅2004年联合下发的《清理整顿机关津贴、补贴、奖金，规范公务员收入》，确立了通常被称作“3581”工程的工资制度，也就是说规定北京市科级、处级、厅级和部级人员的月收入分别为三千元、五千元、八千元和一万元。那么，通过对比北京市公务员月收入总额与国家规定的基本工资水平，可以得出基本工资所占的比重。从结果来看，科级、处级、厅级、部级四个职务等级的公务员基本工资占比从41%～51%不等，除了科级公务员以外，其他职务等级公务员基本工资占比都在50%以下，具体数据参见表3－4。这也表明，北京市政府实际上“默认”了基本工资占比在50%以下的事实。

表3－4　　北京市公务员基本工资占比　　单位：元

职　务	基本工资（2006）	工资总额	基本工资占比（%）
省部级正职	4 979	10 000	49
厅局级正职	3 247	8 000	41
县处级正职	2 191.5	5 000	44
乡科级正职	1 530	3 000	51

由此可见，基本工资比重过低，使得津补贴占据了工资较大的组成部分。这

① 王梅等：《典型发达国家公务员工资结构及其借鉴》，载于《第一资源》2013年第8期，第37～49页。

② 降蕴彰：《公务员薪酬改革新一轮：谁受益更多》，载于《经济观察报》，2014年6月23日。

种工资构成之所以不合理，是因为津补贴的特点使得其本身不能够成为占据工资主体部分。津补贴有两大特点，一是津补贴的明目数量繁多：有报道指出，各地擅自发放的津贴补贴名目甚至达到300多项；① 二是津补贴的明目和金额数量还存在较大的地区差异，导致不同地区公务员工资总额存在显著的差异。各省、各机构之间，由于公务员的津贴和补贴的明目、发放标准存在显著差异，导致津贴和补贴最高的省份与最低的省份之间3~4倍的差距。同一省内的公务员津贴和补贴水平也存在很大的差异，甚至有些省份的省内差别超过了省际之间的差别水平。

国内有学者选取了中部地区经济发展水平大体相当的三个省份，基于城市规模和公务员级别层次对9 000个样本（每个省份3 000个样本）进行工资比较。比较结果发现：首先，三个省份的公务员在工资收入水平方面存在较大差异，同级别公务员的工资差距最大达到三倍，而且工资差距呈小、中、大城市依次递增的趋势；同一省份不同规模城市公务员之间也存在工资差距；其次，从工资构成来看，三省之间乃至同省城市之间的公务员工资差距主要反映在地方津补贴上。②

根据中国统计年鉴2012数据，如表3-5所示，我国省、直辖市公共部门工资平均水平存在较大的地区差异，上海、天津、浙江等东部发达地区的公务员收入水平远远高于山西、湖南、甘肃等中西部地区公务员收入，其中水平最高的上海地区和最低的山西地区的比值甚至达到2.77：1，蕴含了较大的不公平性。

表3-5　　　　2011年我国部分省、直辖市公共部门年平均工资水平

省市	工资水平（元）	省市	工资水平（元）
上海	90 622	湖北	39 503
天津	73 850	云南	37 580
浙江	73 676	吉林	36 945
江苏	70 908	黑龙江	36 472
北京	70 280	广西	35 777

① 李松：《厘清公务员“合法”收入》，载于《决策探索》2011年第4期。

② 杨力行、张露：《我国公务员地区间收入差距及其评估》，载于《中国行政管理》2010年第4期，第89~91页。

续表

省市	工资水平（元）	省市	工资水平（元）
广东	62 700	湖南	35 015
福建	53 850	甘肃	34 481
西藏	51 823	河南	33 696
内蒙古	51 547	河北	33 498
青海	47 443	山西	32 672
海南	47 110	安徽	43 086
重庆	46 751	山东	42 914
新疆	45 071	陕西	42 698
宁夏	44 337	辽宁	41 363
四川	44 117	贵州	40 549
安徽	43 086	江西	39 622
山东	42 914	湖北	39 503
陕西	42 698	云南	37 580
辽宁	41 363	吉林	36 945
贵州	40 549	黑龙江	36 472
江西	39 622		

资料来源：根据《2012 年中国统计年鉴》整理。

正是由于津补贴本身的特点，其作为一种对特殊岗位和地区的“补偿”性质的工资，如果占据的比重过大，容易造成一种公务员与民众都不满意的两难状态：当政府监管宽松时较大比重的津补贴实际上形成了隐形工资，使得公务员工资存在偏高的可能性引发机构滥发津补贴的动机。由于津补贴的数量和类型难以监管，因而极容易造成不同地区、不同部门公务员收入的不公平，也容易造成公务员和企事业单位人员相比的不公平；另一方面，当政府监管严格时，发放津补贴的难度加大，公务员实际到手的工资水平下降，导致基本工资水平较低的公务员生活受到影响。也正因为如此，公务员工资制度改革的一个重要前提是清理不合理的津补贴，合理确定津补贴的项目和标准，并且考虑将其纳入新的工资体系中，接受阳光下的监督，从而使公务员工资水平清晰可见，积累进一步改革的合法性。

三、工资等级差距过小

我国公务员等级差距较小，不同级别、职务的公务员工资水平差距较小，使得工资平均化现象严重，这存在两方面的问题。第一，职务、级别、学历、资历等差别甚大的公务员聚集在较窄的工资平台上，工资水平不能反映出公务员工作内容、职责、风险等职位内容的差别，无法实现内部公平。第二，由于公务员工资级差太小，在最高等级公务员工资水平一定的情况下，使得在基层公务员工资增长空间较小，从而面临着严重的工资晋升天花板问题。

根据2006年公务员工资改革方案，将公务员职务工资和级别工资结合起来，基本工资分布情况如表3－6。从该表来看，我国公务员工资结构存在两个显著问题，一是每级级差绝对数量太小，级差最低为131.5元，最高也仅为为1 045元，最高职务等级与最低职务等级的比率为7∶1；二是级别太少，职务分为12级，级别分为27级，仍然难以保证足够的工资晋升空间。人力资源和社会保障部部长尹蔚民表示，我国90%的公务员的职务等级是科级以下，60%的公务员在县以下的基层政府工作，如何确保并提高基层公务员的工资水平，需要公务员工资制度设计科学的工资结构。① 一方面通过建立职务与职级并行制度，扩充职级数量，另一方面则要提高每一层级的工资幅度区间，另外还需要制定工资晋级的政策，保证在职务未晋升的情况下仍有机会晋升工资级别。

表3－6　　我国各职务层级的公务员基本工资水平

职　务	基本工资（元）	级差（元）	与办事员的比率（%）
国家级正职	7 420	1 045	7.03
国家级副职	6 375	1 396	6.04
省部级正职	4 979	852	4.72
省部级副职	4 127	880	3.91
厅局级正职	3 247	615.5	3.08
厅局级副职	2 631.5	440	2.49

① 尹蔚民：《基层公务员要有职业发展空间、有晋升通道》，载于新华网，［EB/OL］2014－1－8. http：//news.xinhuanet.com/2013－01/08/c_114297832.htm.

续表

职　　务	基本工资（元）	级差（元）	与办事员的比率（%）
县处级正职	2 191.5	358.5	2.08
县处级副职	1 833	303	1.74
乡科级正职	1 530	205.5	1.45
乡科级副职	1 324.5	137.5	1.25
科　　员	1 187	131.5	1.12
办　事　员	1 055.5	0	1.00

注：基本工资 = 职务工资 + 级别工资，职务工资 =（各级职务工资的最高值 + 最低值）/2，级别工资 =（各职务等级对应的级别工资的最高值 + 最低值）/2。

表 3 –7 为美国 2014 年针对联邦政府白领雇员的通用工资表，该表共分 15 级，每级内包含 10 档工资，将 10 档工资加以平均得出每级工资的平均值。根据该表可以发现，与我国公务员工资结构相比，美国联邦政府公务员工资结构的显著特点是级差绝对数额较大，虽然最高一级工资与最低一级工资比值为 5.66∶1，低于我国 7∶1，但是其较大的级差可以在较大程度上保证级别较低公务员的工资增长空间。

表 3 –7　　美国联邦政府公务员 15 级工资表各级平均工资水平

级别	工资（美元）	差值（美元）	比率（%）
GS1	20 427	0	1.00
GS2	22 707	2 280	1.11
GS3	25 366	2 659	1.24
GS4	28 476	3 110	1.39
GS5	31 863	3 387	1.56
GS6	35 514	3 651	1.74
GS7	39 467	3 953	1.93
GS8	43 709	4 242	2.14
GS9	48 275	4 566	2.36
GS10	53 164	4 889	2.60
GS11	58 409	5 245	2.86

续表

级别	工资（美元）	差值（美元）	比率（%）
GS12	70 008	11 599	3. 43
GS13	83 250	13 242	4. 08
GS14	98 374	15 124	4. 82
GS15	115 717	17 343	5. 66

资料来源：根据美国人事管理署（OPM）网站（http://www.opm.gov/policy-data-oversight/pay-leave/salaries-wages/salary-tables/pdf/2015/GS.pdf）数据整理，每一级的工资为该级内10档工资的平均值。

第四章　发达国家和地区公务员工资水平决定机制

第一节　美　　国

一、美国联邦政府公务员工资制度的总体情况

美国联邦政府公务员划分为白领雇员和蓝领雇员，并受相区别的工资体系管理。蓝领雇员根据联邦蓝领工资表（Federal Wage Schedule）进行管理，而白领雇员的职位分类是建立在其政府通用职位分类体系基础上的，受通用工资表（General Schedule，GS）管理。白领雇员的通用分类体系和相对应的薪资系统涵盖了美国联邦政府几乎全部白领雇员（全球共计约150万），占全部联邦公务员人数的56%，其职位类型包括专业类职位任职者、行政管理类职位任职者、技术类职位任职者以及事务类职位任职者。本书以美国联邦政府公务员白领雇员为对象，分析其工资决定与调整机制。

在通用职位分类体系中，职位是决定公务员工资水平最根本的因素。通用工资表共分15个薪资等级（Grade），最低级为1级，最高级为15级。在科学、全面的职位分析的基础上，该体系根据每一职位的工作难度、所承担的责任和任职资格条件对其进行等级划分。例如，高中毕业且没有其他工作经验者通常被划分到GS－2级职位；大学本科毕业生被分到GS－5级职位；硕士毕业生则被划分到GS－9级职位。每一薪资等级内部又由低到高地划分出10档（Step），每个薪资等级中最高档和最低档之间的薪资水平浮动范围约为30%。每一薪资等级内

雇员薪资的增长依据是达到一定的绩效水平或达到一定的资历（同一薪资等级内不同档之间的加薪周期为：1～3档每年进行一次；4～6档每两年进行一次；7～9档每三年进行一次）。通常在一个薪资等级内，雇员的薪资水平从1档晋升到10档平均约需要18年时间。若某一雇员的绩效表现卓越，则可以越级晋升薪档，对同一雇员而言这种晋升每年最多只能进行一次。通常而言，新入职员工处于通用薪资体系相应等级内的第一档。但是在两种特殊情况下，联邦政府机构中的新入职员工可以不受起薪要求而获得一个更高的起薪档。其一是当新入职雇员具有联邦机构急需的特殊才能或在某一方面具有特长且符合组织需要时；其二是对于已经是联邦政府体系中的雇员，但是由于某种原因需要从其他薪资系统转移到通用薪资系统下进行管理时。此外，由于在某些地区联邦政府面临雇员招募的困难性，因此美国联邦人事管理署特别批准一些地区可以采用稍高于通用薪资体系中基准薪资的工资水平。

美国联邦政府在确定联邦公务员工资水平时，一直以来都采取将联邦政府公务员工资与企业相当人员工资进行调查比较的原则和方法。1862年，美国联邦政府率先将该项原则应用到确定政府工作人员的工资水平上：当时国会立法规定，美国海军蓝领工人的工资应该“紧随私人机构”。① 该项原则受到了广泛的认可并得以持续，经过长时间的实践与发展，美国联邦政府针对公务员工资水平决定机制问题进行了多次改革，在法律上确立了公务员与企业人员工资平衡比较的原则，并建立起一套行之有效的公务员与企业人员工资调查比较机制，将平衡比较的原则落实到具体的政策实践。

美国联邦政府公务员工资制度改革以各个时期颁布的工资改革法案为标志。其中较为重要的法案包括：1962年，美国颁布了《联邦工资改革法》（Federal Salary Reform Act of 1962），明确提出将公务员工资与企业相当人员的工资进行平衡比较的原则，从而保证联邦公务员工资水平与市场中从事类似工作（similar jobs）的企业人员大体一致。

1970年，美国颁布了《联邦工资比较法》（Federal Pay Comparability Act of 1970），基于业已确定的公务员平衡比较的原则制订了公务员工资调整的运行机

① 董克用、王丹：《建立中国公务员工资水平调查比较机制的理论基础》，载于《中国人才》2008年第8期，第10～13页。

制。以往调整公务员工资水平需要国会通过相关的法律，程序较为拖沓和繁琐，该法案授权总统可以每年根据总统薪酬管理办公室测算的公务员与企业人员工资比较结果及建议来调整公务员工资水平。

1978 年，美国通过了《文官改革法》（Civil Service Reform Act of 1978），进一步强化了公务员制度的功绩制原则，提出了九项功绩制原则，并突出强调发挥公务员工资在提高公务员工作积极性的重要性。该法案提出，政府和企业中同等“价值”的工作应该获得相同的工资水平，在确立公务员工资水平时既要参照全国范围内的私营企业人员的工资水平，也要充分考虑到当地私营企业人员的工资水平。

1990 年 11 月 5 日生效的《联邦公务员工资可比性法案》规定了联邦公务员工资决定的几大指导原则：联邦与企业相当人员在同一工资区域内实行同工同酬；工资差距主要体现在岗位性质和工作表现的差异；公务员工资必须与同一地区同等工作性质的私企员工工资一致；必须彻底消除任何联邦政府公务员与私营企业人员工资不平等的现象。

二、美国联邦政府公务员工资水平决定机制

美国建立起公务员与企业人员工资调查与比较机制来落实公务员工资水平决定的平衡比较原则。联邦政府公务员工资确定和调整包括两部分内容：一是针对所有白领公务员的年度工资普调（即通常意义上的通用工资表的增长率）；二是针对一些区域所进行的特殊工资调整。① 其中前者反映国民经济社会发展状况，将财政预算、物价指数、通货膨胀等因素的变化情况作为确定和调整依据，这种工资调整保证公务员工资水平同社会工资水平保持大致相当。而后者则是针对在一些地区工作的联邦政府公务员工资水平与当地私营企业工资水平存在不合理的差异时所进行的调整，其目的是确保同地区的联邦政府公务员工资水平与劳动力市场相一致（即与私营企业人员工资水平的差异控制在 5% 之内）。

（一）年度工资调查和普调

美国联邦政府白领公务员的年度工资普调是依据整体劳动力市场每年薪资上

① 毛艾琳：《美国公务员工资调整机制及其启示》，载于《四川行政学院学报》2014 年第 2 期，第 38 ~ 42 页。

涨情况所进行的调整。该调整依据的测算标准是雇用成本指数（Employee Cost Index，ECI），这一指数是由美国劳工统计局提供的，反映劳动力雇用成本的变化，属于宏观联邦经济指标之一。该指数是季度性的测量指标，它的突出特点是不仅统计像工资这样的直接性货币收入，还会分别估算了工资和福利成本，因而全面地衡量了劳动力市场中企业为劳动者支付的总薪酬成本及其变化。具体而言，在进行计算时，雇用成本指数包含了以下雇主需要支付的员工成本：工资；带薪假等福利；法定保险；补充性工资，如加班费和全勤奖等。根据法律要求，联邦政府白领公务员的薪资上涨幅度根据雇用成本指数的测算应比私营部门雇员薪资上涨幅度低0.5%。具体的测算方法是，是将调整年份前一年第三季度的雇用成本指数与再之前一年第三季度的雇用成本指数进行比较。举例子来说，如果2014年第三季度雇用成本指数同比2013年第三季度高2.5%，则2015年联邦工资上调2%。

根据经济形势的不同，每年联邦白领公务员的工资增长幅度有较大的区别。通过研究2000年以来历年GS工资增长率（具体见图4-1），可以发现2000~2010年间公务员工资长期保持正增长，增长率在1.5%~3.8%之间；2010年，为了削减财政赤字（2010财政年度联邦财政赤字将近1.3万亿美元），奥巴马政府决定实施工资冻结政策，造成了连续三年（2011年、2012年、2013年）公务员工资零增长。同时，从2000年以来的数据来看，公务员工资并没有出现负增长的情况。

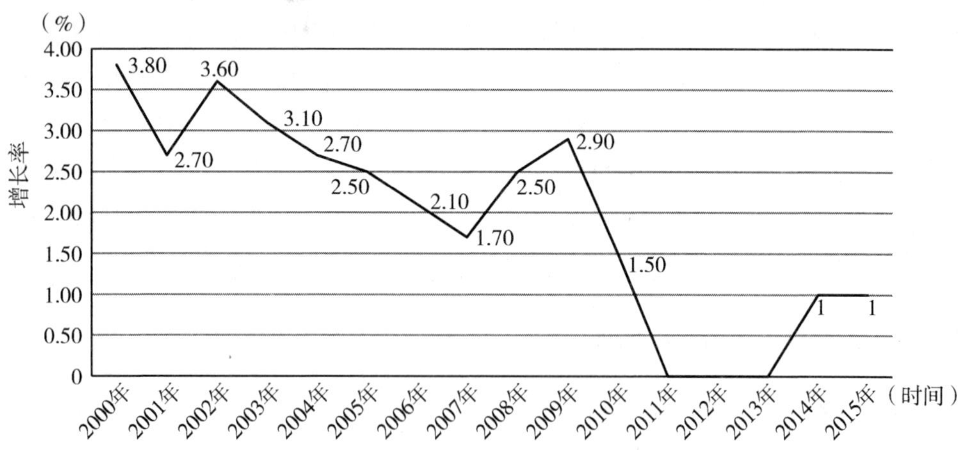

图4-1　2000年以来工资增长率

资料来源：根据美国人事管理署网站（http：//www.opm.gov/）历年GS数据整理。

（二）特殊工资调整

对于美国联邦政府公务员的第二种工资决定和调整方式，也即区域性工资调整，其目的是确保相同地区内从事类似工作的联邦政府公务员工资与企业人员工资保持一致水平。① 地区性工资调整充分反映了美国联邦政府工资哲学：基于不同地区而灵活地支付和企业员工大体一致的工资水平，既保障工资的竞争性，也避免公务员工资过高造成的财政压力和民众不满。在长期的制度实践过程中，美国联邦政府得出结论，确定了公私工资差异的临界点为5%，也就是要求把同地区公务员和企业人员的工资差异控制在5%以内，一旦突破5%，则视为存在工资不平等的现象，就应对该地区内联邦公务员进行特殊工资调整。当然，比较普遍的现象是公务员工资比企业人员工资低。接下来将从这一比较方法的比较基本思路、比较原则、比较对象、比较方法以及比较方法所要求的条件等几个方面逐一进行说明。

1. 调整依据

特殊工资调整的依据是同地区内同一工作水平职位在私营部门中的工资水平。对于此类调整，需要对联邦和非联邦相当水平职位进行比较，这一过程需要联邦薪酬委员会（Federal Salary Council）、总统薪酬管理办公室（President's Pay Agent）以及美国劳工统计局（Bureau of Labor Statistics，BLS）三个机构的参与。其中联邦薪酬委员会负责向总统薪酬管理办公室提交有关区域工资项目的建议，其建议内容包括建立或改进工资区域，设置薪资调查的覆盖范围，确定工资比较过程以及工资比较的水平。总统薪酬管理办公室成员由总统任命，包括劳工部长、管理和预算署署长以及人事管理署的相关负责人。其职责为：考察联邦薪酬委员会的提案，确定工资区域并向总统提交有关对联邦和非联邦雇员工资水平进行比较的报告，确定存在工资水平差异的地区以及差异大小，就此对联邦白领公务员地区工资水平调整提出建议。美国劳工统计局进行的全国薪资调查（National Compensation Survey，NCS）数据是美国联邦与非联邦职位进行工资比较的基础。

① 毛爱琳：《政府公务员与企业职工工资比较方法研究》，载于《安徽行政学院学报》2014年第6期，第22～28页。

2. 比较基本思路

美国第 5301 法令对联邦政府公务员工资水平做出了如下规定：“在相同工资区域内的同工作水平职位中，联邦政府职位应与非联邦职位的工资水平相当；任何联邦和非联邦雇员间的工资差异都应被消除”。① 美国联邦政府采取职位评价的方法对联邦与企业职位的工资水平进行调查和比较。调查和比较的基本思路是对同一工资区域内对企业职位进行抽样，在将这些样本职位进行标准化（利用职位评价的方法确定职位价值）后使其能够与联邦通用职位分类体系进行匹配，之后对同工作水平的二者工资进行比较。

3. 比较原则

在进行比较时，美国联邦政府遵循了以下几点原则：

第一，对企业抽样时排除小型企业，以便做到联邦与非联邦职位工资“可比”。要做到“工资可比”，首先需要注意到的一个问题是私营部门的商业组织为雇员支付的工资水平差异较大，即便是对于同一工作水平的职位而言，在不同企业中所能获得的工资水平亦相差极大。在这一问题上，由于通常小企业工资支付水平低于大企业，考虑到进行联邦和非联邦雇员工资水平比较目的是使得联邦政府工资水平在该地区内具有市场竞争力，因此美国联邦政府在工资调查抽取样本时排除了所有小企业。在这里，主要是根据企业所处的行业类型确定员工数量标准来区分企业规模，例如对金融行业入选企业人员规模应在五十人以上，制造业入选企业人员规模应超过二百五十人。

第二，确定“同工作水平”，在联邦与非联邦职位间建立合理的对应关系。美国相关法律多次提出从事“类似工作”（similar job）的公务员和企业人员保持工资水平一致，美国联邦政府通过采取职位评价技术中常用的要素计点法来对政府和企业职位进行科学合理的匹配，确保调查和比较的政府和企业职位是从事“类似工作”。因此，作为联邦公务员市场比较对象的企业“相当”人员即为企业中从事类似工作、同工作水平的人员。

第三，选择可比的职位类型进行调查和比较。政府和企业虽然在劳动力市场中进行人才竞争，但毕竟政府和企业在性质、目的、职能等方面存在较大的差

① OPM. Report on Locality-based Comparability Payments for the General Schedule [EB/OL].（2013－05－07）[2013－12－26]. http://www.opm.gov/policy-data-oversight/pay-leave/pay-systems/general-schedule/pay-agent-reports/2010report.pdf.

异，政府有很多企业没有的职位，而企业有些职位类型对政府也不适用。因此，为了确保调查比较结果的有效性，就有必要在“相当”或者“可比”的职位类型和体系中进行比较。对于公务员而言，联邦政府排出了 GS－15 级以上的公务员职位，即通常所说的高级公务员；而对企业而言，也排除了大型企业的首席执行官等职位。

4. 比较对象

（1）地区范围。比较区域的确定参照美国联邦管理与预算署确定的大都市统计区和联合统计区。[①] 由于联邦政府为在阿拉斯加州和夏威夷州工作的联邦公务员支付额外的生活成本津贴，因此最初进行薪资调查时将这两个州的企业排除在外。但是在 2009 年前后国会接受建议，将这两个州也包含在调查范围之内。

目前美国共计有 34 个不同的工资区域，涵盖了美国本土的 48 个州和华盛顿特区以及阿拉斯加、夏威夷和其他美属领地。34 个工资区域中，有 31 个工资区域覆盖了大都会区（例如洛杉矶市、纽约市、华盛顿特区等），2 个工资区域包含某一整个州（即阿拉斯加州和夏威夷州），除此以外的剩余地区包括在同一个工资区域内（即 Rest of U. S.）。需要注意的是，派驻海外地区的联邦通用工资体系雇员不受地区工资体系管理。此外，由于一些“剩余区”内的地方邻近大都会区，因而工资水平会显得稍高。对于这些地方，联邦薪酬委员会负责加以识别并上报总统薪酬管理办公室，由后者批准后将此类邻近地方并入大都会区。

对于地区范围的确定，需要特别说明的是，联邦政府进行工资比较时所确定的区域范围与进行工资调查时所采用的地区范围并不是完全一致。其中前者是指由联邦薪酬委员会所确定的区域，仅包括 34 个工资区域；而后者的数量则要高过前者。在进行联邦和非联邦职位工资比较时，联邦政府所采用的工资数据来源于美国劳工统计局进行的全国薪资调查（National Compensation Survey，NCS）数据。该调查所采用的区域划分也是由美国联邦管理和预算署确定的，称为“标准大都会统计区”（Standard Metropolitan Statistical Areas，SMSAs）。在进行调查时，美国劳工统计局会对所有标准大都会统计区进行抽样，在样本地区中进行进一步

① 美国大都会统计区指的是“包括一个可识别的人口核心和具有核心的高度一体化的毗邻地域的地区”，2005 年美国有 369 个大都市统计区；其中，有些相邻的大都市统计区被合称为联合统计区。

的调查。

（2）职位范围。首先是联邦政府公务员职位。对于联邦政府职位而言，参与比较的是通用分类体系管理范围内的白领公务员职位。由于所属管理体系的不同，因此比较的对象中不包括联邦政府的蓝领类职位、执法类职位以及高级行政管理类职位。其次是非联邦政府职位。对于比较的对象，最初1962年《联邦工资改革法》和1970年《联邦工资比较法》所界定的都是联邦白领类职位和同工作水平私营企业职位的工资，而1990年《联邦公务员工资可比性法案》将后者的范围进行扩展，重新界定为"非联邦雇员"，从而将州和地方政府雇员也包括进去。

对于企业而言，最初的调查对于企业样本的要求如下：运输业仅限于本地和郊区铁路客运企业，深海水域运输企业和航空运输企业；服务业仅限于工程和建筑服务企业、研发类企业和测试实验室等。目前调查所涉及的行业包括生产性行业（如采矿、建筑和制造业）；服务性行业（如贸易、运输、信息、金融、专业和商务服务、教育和健康服务、休闲健身以及其他服务等）。

5. 比较方法

美国联邦政府进行的联邦与非联邦同水平职位工资比较基于全国薪资调查结果。在进行比较时，主要可以分为以下几个步骤：第一，进行抽样；第二，收集数据；第三，进行比较。

（1）进行抽样。美国全国薪资调查自1996年开始，由美国劳工统计局负责进行，其收集的工资数据范围涵盖了劳工统计局原先三个独立的工资统计项目，分别是职业工资调查（Occupational Compensation Survey，OCS）、雇用成本指数、雇员福利调查（Employee Benefits Survey，EBS）。目前，全国薪资调查收集到的工资数据涵盖了800多个职位。该调查的结果提供如下几方面的信息：雇员工资成本、工资趋势、区域工资水平、福利计划规定等。此外，该调查的范围主要包括私营部门中的各类组织及其成员，而不包括联邦和准联邦机构人员、军事人员、农业从业者、私人家庭工人、自我雇用者、志愿者、无偿工作者（unpaid workers）、接受长期残疾工资给付的个体（long-term disability compensation）以及海外工作者，目前全国薪资调查也不包括那些可以自行设定本人工资者（例如业主、小老板、大股东等）以及接受亲戚支付象征性报酬的人。当然，是否应该排除这些对象仍在进一步探讨中。

在进行抽样时采取整群抽样方法，采取 PPS 抽样方法（按规模大小成比例的概率抽样）抽取地区内的企业职位。抽样分为三个层次：抽取地区；然后抽取地区内企业；最后抽取企业中职位。基于以上三个层次的要求，抽样分为三步：

第一步，抽取地区。抽取地区要基于联邦管理和预算署对美国地理区域的划分。管理和预算署每 10 年更新一次划分结果，而全国薪资调查一般而言将依据最新划分结果进行调查。

第二步，抽取企业。在这一步中，全国薪资调查仍按照概率比例大小，在步骤一中抽取出的区域内抽取样本企业。因此，在这一步中企业规模越大，被抽中的可能性越高。在调查中对企业概念的界定是指在某个经济领域内进行商业活动的经济组织，而且通常该组织只在一个地理区域内进行活动。对于某企业的子公司分布于不同地区的现象，调查的对象只针对直属机构的工资情况。在这一步骤中，企业的总体样本来自于美国失业保险数据库；而行业界定则依据北美行业分类体系（North American Industry Classification System，NAICS）。

第三步，抽取职位。全国薪资调查采用标准职业分类体系 2010 年的标准进行职位分类。调查收集样本企业实际雇用的劳动者，排除劳务派遣公司及非正式人员。对于抽取到的各个样本职位，调查的内容为该人员年度所得的货币性工资数据，福利等内容则不考虑在内。

调查采用随机抽样的方法抽取职位，然后调查员根据标准职业分类体系将其与标准职位进行匹配。需要注意的是，在对职位进行分类时，参考的标准基于职位的工作职责和技术要求，而与该职位任职者本人的教育水平、所学专业没有必然关系。若雇员工作职责超过两项，则按照技能要求水平最高的职责为标准对职位进行分类；若技能要求无法量化评估，则按照占用任职者大部分工作时间的职责为标准对其进行分类。对于已经抽取出来且进行标准化匹配的职位，要收集该职位上所有任职者的信息，包括全职和兼职雇员、工会和非工会雇员、按工时付酬和接受奖金激励的雇员。

抽取职位可以细分为四小步：第一，按照全国薪资调查概率选择法抽取职位。第二，按照标准职业分类体系对职位进行分类。第三，确定职位任职者的类别，如全职还是兼职，是否参加工会等。第四，确定每一职位的工作水平。在第一步骤中，调查员获取样本企业所有雇员及其职衔的列表，之后依照概率选择法随机抽取职位。在抽样时，抽取多少职位是和企业的员工数量密切相关的：例如如果企业员工人数为 1 ~49 人，则最多抽取四个职位。需要注意的是，由于全国薪资调查对象包括州及地方政府部门，政府部门公务员数量相对较多，因而在这类组织中抽取职位时不需要依照上述原则，可以最多抽取 20 个职位。在第二个步骤中，调查员依照样本职位任职者的实际工作职责而非职衔对其进行标准化匹配。第三步骤要求调查员清楚样本职位任职者的特征，确保所抽取的同一职位上的任职者具有相同的特征，即“职位”与“人”的统一。在第四步骤中，调查员按照要素计点法确定样本职位的工作水平。

（2）收集数据。美国劳工统计局采取多种方法来收集数据，例如实地调查、电话、邮件等方式。调查员通常会问以下问题：“企业主营业务是什么”，通过这一问题，调查员帮助企业确定其行业代码。“企业主要雇用何种职位?”，通过这一问题，调查员为每个样本职位提供正确的标准职业分类代码和工作水平。“每一样本职位中有多少员工符合职位描述?”，通过这一问题，调查员确定该企业中有多少样本职位员工可以按照职业代码进行界定。“这些员工是全职还是兼职？他们是否是工会成员？他们是按时付酬还是有奖金激励?”，通过这一问题，调查员收集相同工作特征员工的工资数据。“在匹配的样本职位中，雇员是如何付酬的?”，通过这一问题，调查员收集近一年样本职位的工资数据。“该职位的职责是什么”，通过这一问题，调查员收集职位信息并以此确定职位的评价点数，从而确定其工作水平。

（3）进行比较。在进行比较时，将美国联邦政府公务员分为五大类别，分别是专业类、行政类、技术类、事务类和官员类。比较是基于相同地区、相同级别/工作水平的相同职位类型来进行的。比较主要包括以下三个步骤：第一步，按照相应标准将联邦政府公务员职位划分为以上五大类别，然后计算每一级别上每一类职位的工资平均值。这一步骤确保在下一步进行计算时每一个联邦通用职位分类体系的级别中最多只有五个工资数据（即五大类每一类只算出一个工资均值）。第二步，在第一步的基础上，继续计算相应地区内每一级别的工资均值。第三步，按照相同的方法对企业职位样本划分为以上五大类，并计算出相应地区内每一级别企业职位的工资均值。得出联邦政府职位和企业职位的工资均值之后，最后需要做的就是对二者进行比较即可。

三、美国联邦政府公务员工资水平决定机制的特点

（一）工资调查的程序

正如前文所述，美国联邦公务员工资水平决定及调整机制的核心是对企业相当人员的职位进行工资调查并进行比较。在这一过程中，为了确保决策科学、民主，美国确立了职责分工明确、民主科学的运行机制，涉及多个政府部门乃至总统和国会。

美国联邦公务员与企业人员工资调查和比较机制涉及众多机构，包括美国劳工统计局、人事管理署、联邦薪酬委员会、总统薪酬管理办公室、总统、国会等，整体流程大致分为六步：

第一步，由美国劳工统计局实施工资调查。进行32个工资地区的调查；调查包括雇用人数在50人以上的机构（2007年还提交了1人以上企业调查数据），通过职位评价，实现公务员职位与企业职位之间的“可比性”。

第二步，由美国人事管理署计算地区内工资差距和地区工资支付额，根据劳工统计局的调查，比较同一工资地区内同一工作的联邦公务员职位与企业职位的工资标准，计算地区内工资差距和地区工资支付额，并将相关数据结果提交到联邦薪酬委员会。

第三步，由联邦薪酬委员会向总统薪酬办公室提出工资调整建议。联邦薪酬委员会就地区工资支付、劳工统计局的调查范围、工资标准的比较程序和工资水平等内容向总统薪酬办公室提出建议。

第四步，由总统薪酬办公室全面审核工资调整建议并向总统提交报告。总统薪酬管理办公室要全面审核联邦薪金委员会提出的建议，确定工资支付额，就法律许可的工资支付参照水平向总统提交报告。

第五步，由总统审核和发布工资调整数额。审核薪酬管理办公室提交的年度报告，总统根据相当人员成本指数增资额和地区工资调整有权提出代替方案，如果总统没有提出替代方案，依据相当人员成本指数的增资额和法律允许的工资支付将生效，发布总统令宣布工资调整数额。

第六步，国会立法。在地区工资确定与调整程序中的关键角色依次是总统、

总统薪酬管理办公室、劳工统计局、联邦薪酬薪金委员会。

（二）美国联邦政府公务员与企业人员工资差距

首先从宏观上看美国联邦政府公务员工资水平情况。根据劳工统计局于2013年5月发布的各行业工资数据统计，全国薪资调查结果显示，美国共计约1.33亿就业人员，平均小时工资为22.33美元，平均年薪为46 440美元；其中，管理类人员（Management Occupations）工资水平最高，平均小时工资为53.15美元，平均年薪为110 550美元，比律师、医生高薪行业的平均工资都高。美国联邦政府公务员的平均小时工资为34.47美元，平均年薪为71 690美元。① 通过比较发现，美国联邦政府公务员工资水平明显比各行业平均工资水平高，幅度高达55.4%（年薪），这说明其工资水平处于社会偏上等水平。考虑到联邦政府类职位多为管理性质职位，与具有较强可比性的管理类人员工资相比，公务员工资水平则明显偏低，管理类人员平均年薪比联邦政府公务员高54.2%。

除了进行宏观比较之外，更需要对公务员与企业人员的工资差距进行更加细致的比较。正如前文所指出，目前美国诸多政府和科研机构对美国联邦公务员工资与企业人员工资差异进行研究，由于分别采取了职位比较法和人力资本比较法，因此对工资差距形成了不同的研究结论。但通过对以上研究进行回顾会发现，很多研究是从较为整体的角度分析工资差距，导致了分歧和争论。事实上，有学者就指出，应该从更加细致的角度来分析美国联邦公务员与企业人员的工资比较情况。Stephen Condrey 等（2012）② 认为，职位比较法和人力资本比较法都有各自的优点与不足，虽然在公务员整体工资与企业人员比较的问题上还存在较大差异，不过一个争论较少的事实是：联邦政府公务员工资与企业人员的比较存在结构上的不均衡现象，即较高级别职位的联邦公务员与企业人员相比工资偏低，较低级别职位的联邦公务员与企业人员相比工资偏高，从而形成了不均衡的现象。具体的比较情况见表4－1。

---

① 资料来源：美国劳工统计局网站［EB/OL］. http：//www. bls. gov/bls/blswage. htm#National.

② Condrey S E, Facer R L, Llorens J J. Getting It Right: How and Why We Should Compare Federal and Private Sector Compensation［J］. Public Administration Review, 2012, 72 (6): 784－785.

表 4－1　　美国联邦通用工资表工资差距（2010 年 3 月）　　单位：美元

级别	劳工统计局统计的企业相当人员年薪	通用工资表年薪	工资差距（%）
1	$20 092	$23 608	－14.89
2	$20 916	$25 011	－16.37
3	$24 819	$28 199	－11.99
4	$29 129	$31 849	－8.54
5	$33 096	$35 585	－6.99
6	$39 239	$40 135	－2.23
7	$44 227	$44 594	－0.82
8	$51 733	$51 616	0.23
9	$58 621	$53 683	9.20
10	$71 859	$60 481	18.81
11	$76 990	$65 205	18.07
12	$102 496	$78 939	29.84
13	$110 770	$94 632	17.05
14	$147 581	$112 266	31.46
15	$167 877	$134 320	24.98
加权平均	$70 330	$61 313	14.71

（三）美国联邦政府公务员工资水平决定机制的特点

归纳起来，美国联邦政府公务员工资水平决定机制具有以下两个方面的特点：

第一，美国联邦政府确立了从事类似工作公务员与企业人员工资水平大体一致的工资水平决定原则，并建立了公务员与企业人员工资调查与比较机制确保该原则的落实。在美国，自由市场经济机制运行成熟、完善，自由竞争的理念深入人心。美国联邦政府很早就认识到公务员工资是无法独立于劳动力市场之外的，也需要按照市场经济的逻辑反映劳动力的价格。而政府与公务员的特殊性使得公务员工资不能自动地满足市场化的要求，美国联邦政府因此长期以来坚持参照企业类似职位人员的工资水平来确定公务员的工资水平，保证公务员工资的竞争性，消除不合理的公私工资差距。在漫长的公务员工资制度改革与发展过程中，美国通过一系列法案确立了公务员工资水平决定机制的原则、原理乃至操作方法，在法律层面上加以确认。

第二，美国通过职位评价的方法，实现了公务员与企业人员、政府职位与企业职位的可比性。参照企业人员工资水平确定公务员工资水平并不意味着平均主义，而是要求在政府与企业可比的职位之间进行平衡。可以说，如何贯彻落实工资水平决定原则、实现公务员与企业人员的可比性、提高公务员工资水平决定机制的科学性与合理性，是影响公务员工资水平决定机制能否发挥作用的关键。美国联邦政府采取科学的职位评价的方法确保进行比较的政府职位与企业职位是“同价值”的，具有同价值的企业职位的工资水平对政府职位才有可靠的参考价值。可以说，美国联邦政府采取职位评价的方法解决关键性的技术难题，是和美国较为成熟的职位评价技术和职位评价应用环境密不可分的，体现出人力资源管理的技术手段在美国企业和政府中都有广泛应用，具有很强的一致性。也正是由于职位评价技术的采用，美国在对政府职位和企业职位样本数据进行收集时，能够以相对较低的成本、较高的效率开展，使公务员工资水平调整具有较为坚实的数据基础。

第二节　新加坡

新加坡是亚洲新兴发达国家，在新加坡经济腾飞、创造经济奇迹的过程中，新加坡政府及公务员发挥了重要作用。特别是新加坡政府行政效率高、治理能力强，公务员高效、奉公、廉洁，在为经济快速增长提供支撑的同时在廉政建设方面也取得了举世瞩目的成就。新加坡政府的成功有多方面的原因，是多种因素长期以来共同努力的结果。特别值得注意的是，新加坡在公务员工资制度管理方面积累了丰富的经验，取得了丰硕的成果，其“高薪养廉”的理念与实践受到了普遍的关注。新加坡政府在公务员工资水平决定机制方面具有独到之处，通过将具有可比价值的公务员与私营企业人员工资水平进行比较的方式，来确定和定期调整公务员的工资水平，是新加坡政府公务员工资管理的宝贵经验，值得借鉴和学习。

一、新加坡公务员工资制度的总体情况

新加坡实行议会共和制，总统是虚位的国家元首，总理是最高行政首长，从议会中的多数党中产生。目前，新加坡政府共设有九个国家机构，一个总理公署，十五个部，67 个法定机构（Statutory Boards）。值得注意的是，根据新加坡政府的规定，公务员只包括在国家机构、总理公署和部任职的人员。根据新加坡 2014 年统计年鉴，新加坡的公务员人数为 81 508 人,① 法定机构人数为 57 212 人。可以说，在新加坡，政府是规模最大的雇主。

从横向上来说，新加坡公务员共分为经济管理类、社会服务类、安全保障类和政务类四大类别，划分的依据为公务员所在机构的职能类型。同时，公务员的职位族被划分为管理类和非管理类两大类别，二者从事的职位类型和级别高低存在显著的差异。前者对任职者的要求比较高，必须是大学毕业，后者对任职者的要求相对较低。

从纵向上来说，新加坡政府根据公务员职位的高低，将公务员划分为特级公务员、高级公务员和一般公务员三种类型，并对应着相应的工资等级。第一，特级公务员指的是部长及其以上级别的官员，最高等级级为总理，对应的工资等级为 MR4 及以上。根据前文对公务员范围的划分，新加坡对公务员的定义较为宽泛，严格来说新加坡的特级公务员实际上并非“事务官”，而是政务类官员，会随着议会选举而进退，亦或由政治任命。第二，高级公务员指的是超 D、超 C 和超 B 级三个级别的公务员，其工资等级分别为 SR7 –5 级。第三，普通公务员指的是超 E 级及其以下级别的公务员，工资等级分别对应为 SR8 级、SR9 级乃至水平更低的 R10 –14 级。新加坡公务员的行政级别和工资等级的对应情况参见表 4 –2。

---

① 数据来源：《2014 年新加坡统计年鉴》，http：//www. singstat. gov. sg/docs/default-source/default-document-library/publications/publications_and_papers/reference/yearbook_2014/yos2014. pdf。

表4-2　新加坡公务员行政级别、工资等级对应一览表

行政级别	公务员等级分类	工资等级
总理	总理	PM
副总理	副总理	DPM
特Ⅳ级	部长及其以上级别的政务官	MR1
特Ⅲ级		MR2
特Ⅱ级		MR3
特Ⅰ级		MR4（工资水平比较参照基准）
超B级	高级公务员	SR5
超C级		SR6
超D级		SR7
超E级	普通公务员	SR8
超G级		SR9（工资水平比较参照基准）
高级局长助理		R10
局长助理		R11
助理秘书		R12
高级行政助理		R13
行政助理		R14

资料来源：新加坡政府网站，http：//sprs. parl. gov. sg。

二、新加坡公务员工资水平决定机制

新加坡公务员工资水平决定机制从酝酿、建立和发展经历了较长时期的发展，并在实践中不断完善，较为理想地完成了确定公务员工资水平、定期调整公务员工资标准的使命和任务。简单来说，新加坡建立了与市场接轨的公务员工资水平决定机制，即建立起公务员与企业人员工资调查与比较机制，参照具有可比性的企业人员的工资水平来确定相应的公务员工资水平。新加坡政府在正式确立该项机制之前已经以采取非正式的比较方法来尝试确定公务员工资水平，但是由于制度的缺位导致公务员工资水平市场竞争性较弱，在吸引人才方面面临较大的困难，特别是存在较高级别、具有较高人力资本水平的优秀公务员离职的现象。

1994 年 10 月，新加坡发布了《以具竞争力的薪酬建立高效和廉洁政府》白皮书，正式建立了公务员与企业人员工资水平调查和比较机制。这份白皮书确定了公务员的两个基准的比较级别，一是特 I 级公务员，即内阁部长（工资等级为 MR4 级），二是超 G 级公务员，属于普通公务员（工资等级为 SR9 级）。在企业人员方面，基准级别的比较对象限定为银行经理、会计师、工程师、律师以及制造业企业和跨国企业中的管理者等六类人员。新加坡政府认为，这六类职业是和政府具有直接竞争性的，也就是说具有可比性，公务员如果公务员如果离开政府，最有可能从事这六种职业。

2008 年，新加坡政府对普通公务员的工资调查比较方法进行了微调，即在比较对象不变的情况下改变了数据比较方法，不再使用之前采用的平均值或中位数进行比较。2012 年，新加坡政府对部长及以上官员的比较方法进行了调整，最显著的变化之处是对部长级以上公务员进行比较的对象不再局限于以上六类人员，而是将国内工资水平最高的 1 000 名新加坡人的工资作为比较的基准。

至此，公务员与企业相当人员工资比较的工资决定机制在经过 1994 年、2000 年、2012 年三次较为显著的调整与变革，基本思路一直保持未变。目前，新加坡公务员工资水平调查比较机制主要包括以下两方面内容：

（一）部长及以上官员的工资水平决定

根据新加坡政府 2012 年发布的《胜任且忠诚的政府的薪酬标准》白皮书，对于部长及以上官员与企业人员的工资比较方案如下：

第一，选取基准级别：选取 MR4 级工资等级（即初级部长级）为与企业相当人员进行比较的基准级别。

第二，选定比较对象和比较方法。选取 1 000 名收入最高的新加坡人的收入中值的 60%，作为 MR4 级工资水平。

第三，以 MR4 级工资水平为基础，部长及以上级别的工资根据既定的比较比率来确定。例如，总理为 MR4 级的 2 倍，副总理为 MR4 级的 1.7 倍。

第四，总薪酬的计算公式为：月薪 ×13 + 年可变工资（Annual Variable Component，一般为 1 个月的月薪，浮动范围为 0 ~ 1.5）+ 个人绩效奖金（Individual Performance Bonus，一般为 3 个月的月薪，浮动范围为 0 ~ 6）+ 国家奖金（National Bonus，一般为 3 个月的月薪，浮动范围为 0 ~ 6），总计每年约为 20 个月的月薪。

那么，根据企业人员的实际情况，部长级以上官员具体的工资水平如表4－3：

表4－3　新加坡部长级以上官员的年度工资总额　　单位：新加坡元

级　别	年度工资总额	与MR4级工资的比较比率
总理（PM）	2 200 000	2.00
副总理（DPM）	1 870 000	1.70
部长1（MR1）	1 760 000	1.60
部长2（MR2）	1 540 000	1.40
部长3（MR3）	1 320 000	1.20
初任部长（MR4）（参照基准）	1 100 000	1.00

资料来源：新加坡政府网站，http：//www.psd.gov.sg/。

（二）其他公务员的工资水平决定

平衡比较的原则同样运用在其他级别公务员的工资制定过程中。1994年制定的比较方法在2008年进行了细微的调整，具体的比较方法如下：

第一，选取参照基准：把超级公务员的入门薪级（SR9级）作为参照基准级别。

第二，选取比较对象和比较方法：从6个职业（包括银行家、律师、工程师、会计师、本地制造业企业和跨国公司的管理层）中、年龄为32岁的人士中，各选出收入最高的8名人士，总计48人，在这48人排名第15位的收入确定为SR9级的工资标准。

从工资数据情况和比较人员的年龄来看，SR9级大致相当于私营企业的部门主管级别。

除了通过与企业人员进行比较来确定基准级别公务员的工资水平之外，新加坡政府还会定期调整公务员工资水平，保证公务员工资的竞争性和灵活性。具体来说，由全国工资委员会根据劳动力市场工资价格变化、经济发展形势、失业率等因素，提出公务员工资调整方案建议。从以往新加坡政府实践来看，一般每隔几年对公务员工资标准进行较大幅度的调整。当然，公务员工资要保持和市场相一致，就难免有时涨薪有时降薪，新加坡公务员工资就呈现出了“能升能降”的特点。例如2008年以来的金融危机导致新加坡的经济发展形势欠佳，新加坡政府于2012年要求对部长及以上官员进行幅度高达30%的降薪。

三、新加坡公务员工资水平决定机制的特点

从新加坡公务员工资调查和比较的方案来看，新加坡在选择公务员的比较对象时比较审慎，或者将比较对象限定于六大高薪职业，或者直接把收入最高的1 000人的工资水平作为比较基准，充分体现了新加坡政府“高薪养廉”的理念。新加坡政府重视人才、尊重人才的理念深入人心，因为新加坡政府认为，新加坡国土面积小、自然资源匮乏、人才数量不足，政府必须以较高的行政效率、科学的公共政策、强有力的治理能力、廉洁奉公的政策执行来推动经济的发展，而这一切都离不开优秀的公务员人才队伍。而人才是众多雇主都渴望得到的，政府吸引和激励公务员不能够单纯靠运气碰，也不能仅仅靠人才自身的意愿，必须能够提供有竞争力的工资及整体待遇，对公务员提供充分的激励和保障，使其能够放心地把聪明才智贡献到公共管理和公共服务中，并避免产生因工资不足产生腐败、寻租的动机。在尊重人才和廉洁行政的理念指导下，支付“高薪”就成为新加坡政府认为理所应当的选择，并得到了历任国家领导的支持和推动。准确地说，新加坡政府通过公务员工资水平决定机制一方面确保占公务员总数绝大多数的普通公务员的工资水平保持在社会的中上水平，保证较为体面的生活；另一方面，对部长及以上等关乎国家政策制定的较高层级的官员则更是要清晰地实行“高薪养贤，厚禄养廉”的政策。①

总体来看，新加坡政府的公务员与企业人员工资调查与比较机制，主要有以下几个特点：

第一，确保公务员工资的竞争性。新加坡政府以拥有一支高效廉洁的公务员队伍而自豪，并认为有能力的政府是新加坡获得经济、社会快速而全面发展的重要力量。因此，政府应该与私营企业竞争优秀的人才，提供有竞争力的工资水平，从某种程度上来说这对于优秀的公务员来说也是公平的、充分认可其价值。

---

① 刘昕、柴茂昌、董克用：《新加坡公务员薪酬平衡比较机制及其启示》，载于《经济社会体制比较》2014年第4期，第59～67页。

第二，确保公务员工资合理适度。将公务员工资与企业相当人员比较并不意味着将二者进行完全相等的匹配，更不是要保持公务员工资水平市场领先，相反，政府人员的工资应该比企业相当人员的工资水平略低。根据新加坡政府的理念，公务员需要具有充分的公共服务动机和乐于为民众作出奉献的精神，政府不应该使工资成为吸引人才加入公务员队伍的最重要因素，这就意味公务员应该具备工资水平略低的预期。因此，公务员工资的定位是，工资不应成为从政人才的阻力，但也不应成为其吸引力。

第三，确保公务员工资“阳光”透明。从横向比较来看，新加坡公务员的工资水平比世界上绝大多数国家公务员工资水平都要高，其“高薪”程度世界闻名。新加坡公务员工资水平在全世界范围内都是属于最高的那一类。不过以“高薪”闻名的公务员工资水平并没有在新加坡受到强烈的批评和指责（尽管有一定的批评和不同意见），这是和公务员工资阳光、透明、可监督的特点密不可分。首先，新加坡公务员工资水平及其决定过程是向公众公开的，并通过国会的讨论与认可确保了其合法性。民众很清楚地知道公务员的工资水平、为何能够达到如此水平以及这样的工资水平是如何决定的，也能够充分表达自身的意见。其次，除了工资之外，公务员在其他方面的特权、福利其实相当有限。例如，2012年的政府白皮书废除了政治任命官员所特有的养老金计划，全面采纳全国性的中央公积金制度，并且指出，只要白皮书中没有提到的任何特权与工资项目，都是他们所不享有的。部长都没有专车和房屋的福利，总理虽有专车的福利，但是要为其缴税。干净透明的工资体系更容易受到监督，也更符合高薪养廉的理念与精神。

第三节　日　　本

一、日本公务员工资制度的总体情况

日本是君主立宪制国家，第二次世界大战之后，日本仿效欧美建立了现代的国家公务员制度。根据日本《国家公务员法》，公务员的定义并不是非常严格，一般而言，判定国家公务员的标准为：从事该项职位的人，是否从事国家公共事

务；是否有政府任命；原则上是否由政府提供报酬。

日本公务员分为国家公务员和地方公务员，根据2014年日本官方数据，日本公务员总数为339.3万人，其中国家公务员为64.1万人左右，地方公务员275.2万人。国家公务员分为一般职位公务员和特别职位公务员，一般职位公务员共34.2万人，包括一般行政职员、外交官、税务署职员、刑务官、海上保安官等；特殊职公务员共29.9万，包括大臣、副大臣、大臣政务官、大使；法官、法院职员；国会职员；防卫省职员；特定独立行政法人职员等。一般来说，如果以较为严格的标准，国家公务员中的一般职位公务员属于较为普遍定义的公务员，实际上，日本工资调查对象也主要适用于一般职位公务员。根据《工资法》规定，受工资劝告管理的公务员全部属于一般职位公务员，共27.5万人，约占一般职位公务员总数的81%。

值得一提的是，日本公务员效率相对较高，近些年来无论是国家公务员还是地方公务员数量都有了大幅度下降，特别是国家公务员中一般职位公务员下降幅度明显。2000年，日本公务员总数为435万人，其中国家公务员的一般职位公务员数量为82万，是2014年的34.2万人的2.5倍左右。各类别公务员数量比较见表4-4。

表4-4　日本公务员类别及数量　单位：人

公务员类别		2000年	2014年
国家公务员	一般职位公务员	82万	32.2万
	特殊职位公务员	31万	29.9万
	总数	113万	64.1万
地方公务员		322万	275.2万
公务员总数		435万	339.3万

资料来源：日本人事院，《2014年国家公务员概览》。

日本的公务员管理机构为人事院（National Personnel Authority），是一个地位和职能均相对特别的中央政府人事管理机构，既与内阁保持相对的独立性，又在内阁管辖下承担公务员人事管理的中立的角色和职能。作为保持中立的专业性机构，人事院承担着保证政府人事管理中的公平性和保护国家公务员的合法权益的重要职责。人事院的主要职能包括：推行公务员招录考试、人力资源开发（培训项目）等政府人力资源管理活动；向议会和内阁提供公务员“工资劝告”（Remuneration of Public Employees），以调整公务员工资标准；研究、学习国内与国际的先进的人力资源管理体系以不断改进公务员管理机制等。

日本公务员工资制度遵循以下三个原则：

第一，顺应环境变化，与私营企业工资水平保持适当平衡，适时调整。《国家公务员法》规定，日本国家公务员工资水平须达到社会平均水平，顺应经济社会的变化。在执行过程中，由人事院根据该原则以提出“工资劝告”的方式调整公务员工资水平标准。为了确保该原则的落实，人事院主要是调查私营企业的相应工资水平来进行平衡比较，从而发展出了“平衡公务员与企业人员工资水平”的原则。

第二，公务员的工资水平由其承担的职务（duties）和职责（responsibilities）决定。从横向来看，根据公务员的职位类型，共有 17 种工资表；从纵向来看，在每一张工资表中，又根据职位的难度大小和职责高低，纵向划分了几个等级。根据职位类型和等级高低，每一个职位就确定了相应的工资标准。

第三，功绩制原则。公务员工资等级和工资档位的晋升须由其真正的绩效水平来决定，同样，各种津贴水平也要与其绩效水平相一致。

基于以上三个原则，日本政府从外部竞争性、内部一致性和绩效公平性三方面确定了公务员工资的大体轮廓。

二、日本公务员工资水平决定机制

为使公务员的工资水平与社会中企业人员大体相若，既要保障公务员工资水平的竞争性，又要争取民众的认同，日本以《国家公务员法》确立了确定和调整公务员工资水平的机制：通过进行工资调查和比较，通过“人事院工资劝告”进行调整。人事院工资劝告是日本政府对公务员工资管理方面的显著特征，指的是人事院于每年 4 月份开展针对企业人员的工资调查工作，然后将其公务员工资水平进行匹配比较，通过官民工资比较，同时参考生活费用物价指数，确定公务员工资增长率，每年 8 月份向国会提交工资修改法案，经国会审议后实施。① 地

---

① 刘昌黎：《日本控制国家公务员和公共企事业薪酬的做法与成效》，载于《现代日本经济》2010 年第 4 期，第 28～34 页。

方公务员工资水平由当地人事委员会根据全国工资水平调查结果，结合各地方的具体情况由各地方自治政府决定执行。20 世纪 50 年代后期，日本确立了公务员工资以民间工资为基准的原则，1959 年开始采用官民工资比较的方法，1960 年进行了民间工资的实际调查，即由人事院实行的根据不同职务级别、对民间工资实际状况的调查，从而确立了官民平衡的制度。①

（一）公务员工资决定和调整

日本公务员工资决定和调整机制主要包括两大原则：公务员的工资根据其职务和职责来确定、顺应形势变化进行适当的调整。

日本公务员工资的调整依据主要是全国薪资调查与比较的结果。每年 4 月，由日本人事院负责开展对企业中相关人员工资水平（月薪）进行调查，然后对同地区、同职位、同学历、同年龄的公务员和企业人员的水平进行比较，同时参考生活费用物价指数，听取专家学者和企业管理者的意见，确定公务员工资调整幅度，8 月份向国会提交工资修改法案，经国会审议后实施。

在日本，无论政府还是民众都普遍认为政府雇用公务员与私营企业雇佣劳动者在本质上是一致的，其工资都是对付出劳动所支付的报酬。同时，公务员工资从根本上来源于纳税者，在确定公务员工资水平时不能够忽视民间的呼声和民众的意见。基于以上多方面的考量，日本《国家公务员法》规定，决定公务员的工资水平应主要基于三方面的要素，包括生活费、企业人员工资水平和物价水平，而这三方面要素都是与公务员的生活密切联系的。

（1）企业工资水平。日本公务员工资表的制订和调整需要参考首先企业同类人员的工资水平。

（2）生活费用。日本政府为了解公务员的实际生活状况，基于公务员家庭情况及赡养人口数量，计算出基本生活费用。

（3）物价水平。日本统计局每年会统计调查物价指数、家庭消费支出情况等数据，物价方面的因素是调整公务员工资水平标准的重要依据之一。

---

① 吴志华：《当代国外公务员制度》，上海交通大学出版社 2006 年版。

（二）工资调查组织实施

第一，由日本人事院负责组织实施工资调查。

（1）调查机构。工资调查由日本人事院和全国47个都道府县、13个政令指定都市的人事委员会实施。

（2）调查时间。全国工资水平调查为每年4月，因为日本的财政年度为每年4月至次年3月，4月的工资代表新一年的工资水平。

（3）调查对象。调查包括国家公务员中一般职位公务员和民间企业雇员。国家公务员调查对象计260 000人（不包括新录用者）；私营企业调查50人以上的企业，计51 000家，约450 000人。

（4）调查内容。调查社会中私营企业的工资政策；调查企业员工的工资水平、奖金情况。

第二，将公务员工资与企业人员工资水平进行比较。在民间工资水平调查数据出来后，要与国家公务员的工资进行详细比较，将工作种类、职务、学历、年龄等相同者进行比较，根据公务员的人员比重进行综合计算（如三菱、野村这种大公司的部长相当于中央省厅的课长）。

第三，进行生活费用调查。考察各地消费者物价指数，计算时采用物价指数加权平均的方式，了解家庭生活费和消费者物价指数状况，计算出标准生活费用。

第四，听取各方意见，修改工资表以及各种津补贴。调查时广泛听取各方面的意见和要求，研究工资调查结果，适应社会形势。

第五，形成人事院工资建议，提交给国会和内阁。在吸收企业界和专家建议和各阶层国民意见基础上，依据《国家公务员法》，决定工资表和津贴的修改比率和内容。工资劝告提出的工资增长建议和工资降低建议都非常普遍，例如2010年，日本人事院劝告应大幅度降低公务员的年终奖水平；2014年则认为不应该对公务员工资标准进行修正。

第六，由国会审议修正工资法、内阁决定是否采纳人事院建议。由于日本民间企业工资调查具有客观性和权威性，日本人事院历年的关于国家公务员的工资的调整建议都被认为是比较公正和合理的，基本获得国会决议通过，内阁政策采纳。

此外，工资调查结果也成为日本各行业各地区工资政策的重要参考依据。人事院的全国薪资调查数据客观翔实，能体现各行业、各地区、各企业规模、各年龄段、各职务层次、各职务类别等的工资状况，可以对工资方面的问题进行全方位的解答，成为日本各行业、各地区工资政策的重要参考依据。

三、日本公务员工资水平决定机制的成效

基于公务员与企业人员工资调查与比较机制，可以发现，企业人员工资水平的变化是公务员工资水平调整的依据，一方面从时间上来说，日本公务员的工资调整相对于企业人员工资水平的变化是较为滞后的；另一方面从工资增长率方面来说，到目前为止的大多数年份里公务员工资增长率都显著低于企业人员工资增长率，平均约低2%左右。

表4-5　日本公务员和企业人员工资增长率

年　份	公务员工资增长率（%）	企业人员工资增长率（%）	增长率差距（%）
1999	0.28	2.21	-1.93
2000	0.12	2.06	-1.94
2001	0.08	2.01	-1.93
2002	-2.03	1.66	-3.69
2003	-1.07	1.63	-2.70
2004	0	不详	不详
2005	-0.36	1.71	-2.07
2006	0	不详	不详
2007	0.35	1.87	-1.52
2008	0	不详*	不详
2009	-0.22	不详	不详
2010	-0.19	不详	不详
2011	-0.23	不详	不详
2012	0	不详	不详
2013	0	不详	不详

注：2008年后的国家公务员概览未再标示企业人员工资增长率。

资料来源：日本人事院，《2008年国家公务员概览》、《2014年国家公务员概览》。

从历年的公务员工资增长率来看，公务员工资调整非常灵活，既有增长，也有降低，也包括了工资冻结、不予调整的情况。特别是2001年至今，公务员工资增长的年份只有2007年，增长幅度也仅有0.35%；其他大多数年份是负增长或者零增长，这从事实上导致了2001年之后公务员工资是处于实际下降的状态。这也反映出2001年之后日本经济的缓慢发展。表4－6举出了几个公务员的例子，反映出了1998年以来，从级别较低的入门级公务员到比较资深、级别较高的公务员，工资水平都有显著下降，降低幅度高达16%～24%。

表4－6　　日本公务员工资降幅示例

示　　例	1998年年薪（日元）	2013年年薪（日元）	降低幅度（%）
行政职员：25岁，单身	325.2万	272.5万	16
部门主管：35岁，已婚，有1个孩子	566.9万	428.5万	24
区域分部主任：50岁，已婚，2个孩子	839.2万	647.6万	23
总部部门主任：45岁，已婚，2个孩子	1 349.8万	1 074.2万	20

资料来源：日本人事院，《2014年国家公务员概览》。

从政府实践运行来看，日本公务员工资水平决定及调整机制有效地控制了公务员工资水平，保证了其在大体上“紧随”企业人员的工资水平。与美国等西方国家相比，日本更为强调具备相同或类似人力资本水平的劳动者之间工资水平的比较，那么如果按照更为具体细致的比较，就更能反映出日本公务员工资水平普遍低于企业人员工资水平的情况。表4－7的数据显示，政府公务员的工资水平普遍低于相当职位层次企业人员的工资水平。

表4－7　　日本公务员与企业人员工资对比情况

	政府部门	非制造业企业	制造业企业
职务	部门部长	事务部长	技术部长
月工资（日元）	597 300	679 263	643 979
职务	课长	事务课长	技术课长
月工资（日元）	527 500	569 835	551 847
职务	主任	事务主任	技术主任
月工资（日元）	326 300	415 263	437 799

资料来源：刘昌黎，《日本控制国家公务员和公共企事业薪酬的做法与成效》，载于《现代日本经济》2010年第4期，第28～34页。

第四节　中国香港

一、中国香港公务员工资制度的总体情况

中国香港作为特别行政区，并享有高度自治权利。中国香港政府包括 12 个决策局和 61 个部门和机构，其中大部分职位为公务员职位。截至 2014 年 9 月，中国香港的公务员总计共约 163 018 人，其中人数最多的部门是香港警务处，为 32 676 人。

中国香港公务员按职位划分为两大类（一般职系和部门职系），共 400 多个职系。一般职系的公务员在不同的部门工作，其调配和晋升由公务员事务局集中管理（包括政务主任、行政主任、文书职系等），部门职系主要在一个部门工作，部门职系分为专业（例如工程师、医生）和纪律部队（如警察、消防员）。大多数的公务员职系都有平均 6 ~ 8 个职级，共约 1 000 多个职级。

香港特区政府致力于维持一个高效、廉洁的政府和公务员制度，提升公务员的干劲、抱负及知识水平，以确保香港拥有一支廉洁奉公、为人信赖、受人尊敬、富责任感的公务员队伍，为市民提供优质服务。公务员工资制度作为政府人力资源管理的重要内容，也致力于帮助政府实现组织目标，提供相应的支撑和支持。基于此，香港特区政府认为公务员工资应满足两方面的定位，第一是要为公务员支付充足的工资来充分发挥工资的吸引、保留及激励作用，确保公务员提供高效的公共服务；第二是公务员工资水平不仅公务员自身认为是公平合理的，而且也应让民众认为是恰当的。为使向市民提供服务的公务员以及支付公务员工资的市民大众皆认为公务员的工资公平合理，中国香港采取的原则是公务员工资水平应与私营企业人员的工资水平大体一致。

基于这样的目标，中国香港政府认为公务员工资应该符合以下两个原则：

第一，市场竞争性原则。即公务员的工资水平应与私营企业中从事类似工作的员工工资大体一致，以确保公务员的工资水平具有竞争性。但是与此同时，政府公务员的工资水平不应高于私营机构员工的工资。

第二，内部一致性原则。即公务员内部各职位之间的一致性和公平性。中国香港政府调查私营企业中与公务员职位大体相当的职位的工资水平，结合中国香港政府规定的资历基准制度，确定经过挑选的入职职级的工资水平。入职资历要求相若的职系，按广分职级法分为不同资历组别，同一资历组别内各职系的工资架构大致相近（资历组别 11 及 12 除外）。目前，公务员工资制度体系共有 12 个资历组别。

中国香港政府根据公务员所属职系和职级的薪级表确定其工资水平。香港特区政府共有 11 个公务员薪级表，同一职系内各职级的工资水平由其级别决定。大体来说，如果公务员获得了较好的绩效水平，就会在所属职级的薪级表内，每年获得一个增薪点，直至达到顶薪点为止。如果升职，则按晋升后所属职级的薪级表支取工资。公务员薪级表的调整一般包括加薪、冻薪甚至减薪。表 4－8 为中国香港公务员总薪级表。

表 4－8　　中国香港公务员总薪级表（月薪）

薪点	由 2013 年 4 月 1 日起（港币）	薪点	由 2013 年 4 月 1 日起（港币）
49	103 190	19	29 720
48	99 605	18	28 315
47	96 150	17	26 985
46（44B）	92 770	16	25 685
45（44A）	89 565	15	24 450
44	86 440	14	23 285
43	83 435	13	22 165
42	80 000	12	20 905
41	76 690	11	19 675
40	73 525	10	18 535
39	70 490	9	17 485
38	67 370	8	16 425
37	64 410	7	15 410
36（33C）	61 500	6	14 460
35（33B）	58 775	5	13 600
34（33A）	57 275	4	12 745

续表

薪点	由 2013 年 4 月 1 日起（港币）	薪点	由 2013 年 4 月 1 日起（港币）
33	56 810	3	11 975
32	54 265	2	11 235
31	51 825	1	10 560
30	49 495	0	9 930
29	47 290		
28	45 155		
27	43 120		
26	41 195		
25	39 345		
24	37 625		
23	35 930		
22	34 315		
21	32 760		
20	31 200		

资料来源：中国香港公务员事务局网站，http：//www. csb. gov. hk/。

二、中国香港公务员工资水平决定机制

公务员和企业人员工资调查与比较机制是中国香港公务员工资水平决定机制的主要内容，是政府确定和调整公务员工资的重要依据，并形成了一套运行良好的增薪或减薪机制。中国香港定期进行 1 年 1 次工资趋势调查、3 年 1 次入职工资调查和 6 年 1 次工资水平调查。工资调查由工资调查委员会委托专业机构进行。工资调整通过工资调整法令的形式进行，其中对香港公务员工资表影响最直接的是工资趋势调查，直接影响到年度工资调整的幅度，以下将分别对三种工资调查进行介绍。

（一）年度工资调整

1. 工资水平决定和调整

工资水平决定的基本原则是公务员工资水平应与私营机构工资水平大致相

当，其目的是为了使公务员和市民大众都认为公务员的工资公平合理。

中国香港根据独立机构进行的私营机构工资趋势调查结果，还依据以下因素制定公务员的工资：政府财政情况；公务员与私营企业人员工资比较情况；公务员士气水平；工资能否对人才有吸引力；公务员对经济形势的担当。结合经济状况、生活费用的变动、政府的财政状况和公务员士气情况进行公务员调整工资。

2. 中国香港工资调查组织实施

中国香港工资调查程序如下：

第一，由工资调查委员会授权进行工资调查。

调查机构。工资趋势调查委员会由三方组成，一是四个中央评议会的职方代表、管方代表；二是两个独立公务员薪俸及服务条件工资组织；三是私营机构成员。每年一次的工资趋势调查，确定私营机构在年度之间的工资调整幅度。

调查对象。规模较大的雇用至少 100 名以上员工的公司；规模较小雇用 50 ~ 99 名员工的公司。

比较分析。从两组公司搜集所得的数据按照大小公司分别为 75% 和 25% 的比重，计算出 3 个工资趋势总指标，分别适用于高层、中层和低层薪金级别，① 其中规模较小公司指的是雇用 50 ~ 99 名雇员的公司，占工资趋势调查的比重为 25%，但入选的公司需满足已在中国香港营运至少约五年、与上一年比较雇员人数的增减幅度不超过 50% 等条件。2013 年，相关工资的趋势调查搜集了 109 间公司共 180 253 名雇员（包括 82 间规模较大公司的 178 332 名雇员和 27 间规模较小公司的 1 921 名雇员）的基本薪金和额外酬金的调整数据。

第二，由工资趋势调查委员会确认工资趋势调查结果。工资趋势调查按年进行，以量度私营机构年度之间的工资变动。调查根据私营机构内三个薪金级别，由上一年的 4 月 2 日至当年的 4 月 1 日止的变动，计算出工资趋势总指标。当局会从工资趋势总指标（该总指标已把年终奖金等额外酬金计算在内）中，扣除公务员的递增薪额的工资开支进而得到工资趋势净指标。工资趋势调查委员会负责委托和监察工资趋势调查，而工资趋势调查的结果须经其确认。工资趋势调查

① 低层指的是总薪级表第 10 点以下或同等薪点；中层指的是总薪级表第 10 ~ 33 点或同等薪点；高层指的是总薪级表第 33 点以上至一般纪律人员（主任级）薪级表第 38 点或同等薪点。

委员会的主席及替任主席由公务员薪俸及服务条件常务委员会所提名的委员出任。其他人员还包括纪律人员薪俸及服务条件常务委员会的代表、公务及司法人员薪俸及服务条件咨询委员会联合秘书处秘书长、中央评议会职方代表，以及政府当局代表。

第三，由行政长官会同行政会议在做出决定。

在做出决定时，政府主要考量工资趋势净指标、经济发展情况、物价水平、公务员士气等因素。如行政长官会同行政会议决定向职方提出的工资调整方案与职方的工资调整要求有所不同，当局会再次咨询职方，然后由行政长官会同行政会议做出最终决定该年度的工资调整幅度。

（二）入职工资调查

入职工资调查每三年进行一次，把不同文职职系基本职级（以最低资历要求分类）的入职工资与私营机构相类学历雇员的入职工资作比较。入职工资调查的目的是探讨私营机构不同资历要求的职位的入职工资，调查所得的数据将有助公务员事务局厘定，及在有需要时，修订相类资历要求的公务员入职职位的现有入职工资。中国香港政府曾分别于 2006 年和 2009 年进行了两次入职工资调查。

入职工资调查采取资历基准法。所有公务员职系均根据它们的学历（以及经验，如适用的话）要求，归纳在不同的资历组别中。每一个资历组别均有一个（或两个）基准工资。基准工资是根据入职工资调查中，要求相类似资历的私营机构入职职位的工资来厘定。倘若个别现有在公务员队伍中的资历组别未能在私营机构中找到相类职位的入职工资作比较，该资历组别的基准工资将根据它与其他资历组别的内部对比关系而厘定。当决定个别资历组别的基准后，政府将订出个别职系的入职工资。它们可能与基准看齐，或在有特别工作要求或招聘困难等充分理据下，比基准高一个或更多的支薪点。

入职工资调查的调查对象。政府职位方面，选取了 12 个资历组别中的 9 个资历组别（排除三个资历组别的原因是在私营机构中无法找到对应）。企业职位方面，私营机构的入职工资应被界定为员工在试用期结束后经调整的工资（如曾作调整的话）至受聘用的首年内的工资。

入职工资水平调查搜集了以下两套工资数据：第一是年度基本薪金，即底薪及合约订明的固定奖金。这个数据组合可作为私营机构职位现金报酬最基本的组成部分的一个指标。第二是年度现金报酬总额，即年度基本薪金及任何其他现金报酬（包括现金津贴和浮动工资），但不包括那些因为特殊工作环境（例如超时工作或工作地点）或员工个别情况（例如发还员工垫支的工作开支）而支付的报酬。

2009 年的入职工资调查结果显示，资历组别 9（学位及相连职系）的基准工资明显高于私营机构相类学历雇员的入职工资。公务员薪俸及服务条件常务委员会（薪常会）建议资历组别 9 的基准工资应调低两个薪点，而 37 个学位文职职系的入职工资也应相应调低两个薪点（包括 26 个资历组别 9 的职系，5 个资历组别 11 的职系及 6 个资历组别 12 的职系）。薪常会同时建议资历组别 1 至 8 及 10 的基准工资应维持不变。之后行政长官会同行政会议和立法会分别通过了以上建议。新入职工资适用于 2010 年 10 月 1 日或之后获发聘书担任有关文职职系职位的新入职公务员，以及自该日起，透过在职转任安排，由某一职系转至这些文职职系的在职公务员。

（三）工资水平调查

工资水平调查是用于比较公务员和私营机构员工工资水平，每 6 年进行一次。进行工资水平调查的一般架构应具备下列主要特点：采用广义界定的职位属系和职位级别法；从各个职位属系和职位级别选取有可供比较的私营机构配对职位的公务员比较职位；把公务员比较职位与私营机构相若职位配对比较；从私营机构选取稳健良好的雇主参与工资水平调查；从参与调查的公司搜集基本现金报酬和现金报酬总额数据；采用机构一般工资安排计算方法整合从参与调查的公司搜集所得的数据；以及即使在进行工资水平调查的年度，工资趋势调查也继续进行。

行政长官会同行政会议亦决定应根据以下准则，就工资水平调查所涵盖的每个指定职位级别，比较公务员和私营机构工资：

（1）现金报酬总额：由于现金报酬总额的涵盖范围更为全面，因此，会按现金报酬总额（而非基本现金报酬）来比较公务员和私营机构工资。公务员的现金报酬总额包括薪金和以现金形式提供的附带福利（主要包括房屋、教育和学生旅费津贴）。同样，私营机构的现金报酬总额除基本薪金外，也包括所有浮动工资和以现金形式提供的附带福利；

（2）私营机构工资的上四分位值：在进行工资比较时，根据现金报酬总额数据的上四分位值厘定每个职位级别的私营机构工资指标。

（3）公务员的名义中点薪金：应以每个指定职位级别的名义中点薪金，另加以现金形式提供的附带福利的实际平均开支来作比较。名义中点薪金与实际薪金中位值或实际薪金平均值不同，它在一些特殊情况下，亦不会因公务员队伍在某特定时间的年龄和年资结构而有所偏颇。

政长官会同行政会议决定，如某职位级别的公务员工资指标是在相若市场工资指标的95%～105%之间，即在正负五个百分点，是公务员工资与私营机构工资须保持大致相若的可接受偏差幅度，偏差在此之内的话，有关职位级别的公务员薪级表不会予以调整。如果某职位级别的公务员工资指标超出这个可接受的幅度，有关的公务员薪级表将调整至可接受幅度的上下限。举例来说，某职位级别的公务员工资指标如低于相若市场工资指标6%，有关公务员薪级表将调高1%至可接受幅度的下限，即调高至95%。反之，某职位级别的公务员工资指标如高于相若私营机构工资指标6%，有关公务员薪级表将调低1%至可接受幅度的上限，即调低至105%。

工资水平调查和工资趋势调查这两项调查分别量度私营机构工资不同方面的资料。工资水平调查量度在某特定时间私人机构支付予不同级别不同职位雇员的现金报酬总额（按绝对币值计算），而工资趋势调查则量度年度之间私营机构不同级别雇员的工资变动（按百分比计算）。政府把两类调查的结果用于不同的目的。工资水平调查的结果用以决定公务员某些职系及职级的薪级表是否须予调整，而工资趋势调查的结果则用以决定所有公务员每年的工资调整。不过，如何把工资趋势调查结果应用于公务员，在一段时间后便可能影响公务员与私营机构之间的工资水平比较。两者的调查方法在三大方面并不相同：（1）调查范围所涵盖的机构（工资水平调查的范围限于通常雇用100人或以上的机构，工资趋势调查的范围则包括雇用50～99人的机构）；（2）数据整合方法（工资水平调查采用机构一般工资安排计算方法，即非加权平均值计算方法，而工资趋势调查则采用加权平均值计算方法，并应用计算因子）；（3）职位级别的数目（工资水平调查分五个职位级别，工资趋势调查则分三个薪金级别）。

三、中国香港公务员工资水平决定机制的成效

根据前文所述，中国香港政府公务员工资水平决定机制包含了年度工资调整（基于每年一次的工资趋势调查）、三年一次的入职工资调查和六年一次工资水平调查，建立起较为完善的工资决定和调整体系。

首先来看中国香港政府对公务员的年度工资调整。根据年度工资趋势调查结果，香港特区政府一般于每年6月份公布公务员工资调整方案，确定公务员工资调整幅度。工资调整幅度分别规定了对低层级、中层级和高层级公务员（首长级参照高层级公务员）的工资调整方案。工资增长率综合反映上一年度香港经济发展情况、物价水平特别是企业人员工资水平情况，每年的工资增长率具有较大的不确定性。如表4－9所示，从2008～2014年香港公务员工资增长率来看，工资增长率大体上完全和由工资趋势调查得出的工资趋势指标情况一致，有的年份冻结工资增长甚至大幅度减薪（如2009年），有的年份则大幅度加薪（如2011年、2014年）。例如2009年高层级公务员降薪5.38%，2011年则加薪7.24%，相差的幅度相对比较悬殊。

表4－9　　2008～2014年中国香港公务员工资增长率

<table>
<tr><th>年　度</th><th>薪金级别</th><th>公务员工资增长率（%）</th><th>工资趋势指标（%）</th></tr>
<tr><td rowspan="3">2014年</td><td>高</td><td>5.96</td><td>5.96</td></tr>
<tr><td>中</td><td rowspan="2">4.71</td><td>4.71</td></tr>
<tr><td>低</td><td>3.80</td></tr>
<tr><td rowspan="3">2013年</td><td>高</td><td>2.55</td><td>2.55</td></tr>
<tr><td>中</td><td rowspan="2">3.92</td><td>3.92</td></tr>
<tr><td>低</td><td>3.92</td></tr>
<tr><td rowspan="3">2012年</td><td>高</td><td>5.26</td><td>5.26</td></tr>
<tr><td>中</td><td rowspan="2">5.80</td><td>5.80</td></tr>
<tr><td>低</td><td>4.56</td></tr>
<tr><td rowspan="3">2011年</td><td>高</td><td>7.24</td><td>7.24</td></tr>
<tr><td>中</td><td rowspan="2">6.16</td><td>6.16</td></tr>
<tr><td>低</td><td>5.16</td></tr>
</table>

续表

年　度	薪金级别	公务员工资增长率（%）	工资趋势指标（%）
2010 年	高	1.6	1.6
	中	0.56	0.56
	低		0.16
2009 年	高	-5.38	-5.38
	中	0	-1.98
	低		-0.96
2008 年	高	6.30	6.30
	中	5.29	5.29
	低		3.90

资料来源：根据 2008～2014 年间历年中国香港政府发布的公务员薪酬调整方案整理。

再来看中国香港工资水平调查。截至目前，中国香港只于 2006 年进行过一次大规模的工资水平调查，委托华信惠悦公司开展。此次工资水平调查把公务员的比较职位划分为五个职位属系（计有文书及秘书、内部支援、公共服务、工务和操作支援）和五个职位级别（涵盖公务员非首长级职级中最低至最高的职级），并 5 个职位级别是根据公务员总薪级表及第一标准薪级表（只限职位级别 1）的范围而界定，具体情况如表 4－10。

表 4－10　　　　工资水平调查所选职位级别的范围

职位级别	工资范围
职位级别 1	总薪级表 0～10，第一标准薪级表 0～13
职位级别 2	总薪级表 11～23
职位级别 3	总薪级表 24～33
职位级别 4	总薪级表 34～44
职位级别 5	总薪级表 45～49

资料来源：香港公务员事务局网站，http：//www.csb.gov.hk/。

华信惠悦共调查了 99 家企业，并根据职位的工作性质、工作内容、须承担责任的轻重以及一般资历和经验要求，进行职位的配对比较。虽然每家企业入选的职位数量不同，但是在统计数据结果时对所有的企业在相应职位上数据整合时的权重是一样的。在统计数据时，分别统计了市场工资的中位数和上四分位值，不过仍然选定了上四分位值进行工资比较。

根据工资配对比较的结果，五个职位级别的公务员工资指标均在相应市场工资指标的正负5%之内。因此，行政长官会同行政会议在2007年4月24日决定，以2006年4月1日作为参照日期的公务员薪级表不应调整。事实上，这表明中国香港政府公务员工资水平和市场中企业类似职位工资水平大体一致，是较为理想和合理的状态。可以说，中国香港政府每年通过工资趋势调查进行年度工资调整，很有效地将公务员工资水平贴近市场和企业工资水平，六年一度的工资水平调查呈现较为理想的结果也就不足为奇了。

第五节　发达国家和地区公务员工资水平决定机制的总结及其启示

公务员工资制度是任何国家公务员制度的重要组成部分，关乎政府能否吸引、保留、激励高素质的人力资源队伍，提高公务员士气和组织承诺，从而以更有效率、效益和效果的方式进行公共管理，并向公民和社会提供高质量的公共服务。因此，从各国和各地区的政府实践来看，公务员工资制度是政府都非常关注和重视的制度内容，在公务员制度的不断完善和发展过程中，如何科学、合理、民主地确定公务员工资水平的问题得以不断的探讨、碰撞，目前基本上已经形成了较为成熟的工资决定机制和相关的原则，对我国公务员工资水平决定机制的完善具有较强的借鉴意义。

第一，发达国家和地区普遍建立起公务员与企业人员工资水平调查与比较机制来确保公务员工资水平和市场相接轨。具体来说，虽然在细节方面存在一定差异，但美国、新加坡、日本等发达国家和地区都建立了公务员与企业人员工资水平调查与比较机制作为公务员工资水平决定机制。发达国家和地区通过采取将公务员工资与私营企业相当或同类人员的工资水平建立起明确的联系，努力保证公务员工资紧贴外部劳动力市场上的工资水平，使公务员的工资水平与社会各类相同能力的人员的收入大体持平，从而实现公务员工资水平与国民经济社会发展状况相一致。这种公务员与企业相当人员工资水平调查比较的原则是发达国家和地区长期以来遵守和运用到决策中。可以说，平衡比较是政府处理公务员系统与其外部系统（主要是企业）工资分配关系、整个社会的收入分配制度的重要原则，肩负着维护公务员队伍稳定、减轻政府财政负担和维护社会稳定的重要责任。

例如，美国联邦政府通过采取面向所有白领雇员所进行的年度工资普调和针对某些地区所进行的特殊工资调整两种方式来确保公务员工资水平反映市场水平的变化。中国香港政府则更为全面，定期进行工资趋势调查、入职工资调查和工资水平调查来作为决定公务员工资水平的依据。

第二，通过建立科学的工资调查和工资比较技术确保公务员工资水平决定的科学性。具体来说，公务员与企业人员工资水平调查与比较机制并不简单地意味着将公务员工资与“社会平均工资”作比较，而是强调选择企业“相当”人员的工资水平作为参照对象，强调可比性、公平性和科学性。发达国家和地区在明确公务员工资水平决定的原则之后，经过长期的发展和演变，普遍建立起科学的工资调查和工资比较技术和实施路径，从而将公务员与企业人员工资水平调查比较机制落到实处，提供科学性的保障。从普遍意义上讲，无论在哪个国家，在劳动力市场中，政府都是一个规模巨大的雇主，公务员的数量众多，职位种类也较为多样。如何建立和搭建起实现公务员和企业人员之间的匹配桥梁，是各国和地区公务员工资工资水平决定过程中的关键技术问题。

在这里，主要的技术问题涉及公务员和企业人员的工资调查方法和工资比较方法。工资调查方法是指在对公务员的工资和企业人员的工资进行调查时采用的基本方法。理想情况下，如果能够将全体公务员和全体企业人员的工资全部加以统计，可能更有利于进行客观而全面的比较，但是，由于调查、收集以及后期整理工资数据都需要大量的时间和费用，特别是对企业进行全面的工资调查成本巨大，因此，在对公务员工资和企业人员工资进行比较的时候，比较合适的做法是通过科学的抽样调查来获取能够代表全体样本的有效数据。

工资比较方法是指在获得公务员和企业人员的代表性工资数据之后，对两类工资数据进行比较时采用的具体方法和路径。在实践中，出于劳动力市场竞争的需要，不同的企业之间往往会进行跨企业的工资比较，以确保本企业支付的工资水平不会落后于竞争对手，从而导致本企业在吸引、留住员工方面陷入被动。在企业间进行工资比较时，由于绝大多数企业都可以在劳动力市场上找到自己的竞争对手或标杆企业，本企业中的绝大部分职位在竞争对手或标杆企业中同样也存在，在这种情况下，企业只需要根据竞争对手或标杆企业对同类职位支付的工资水平，即可以判断出本企业对同类职位支付的工资水平是否合理以及是否需要做出调整。公务员工作的特殊性以及政府的独家性却使政府无法通过另外一个具有直接对比价值的标杆组织来进行公务员工资的比较。而只能设法通过与企业人员的工资进行比较来判断公务员工资水平的合理性及其调整的必要性。由于政府与企业之间的比较无法像企业间比较那样直接和便利，所以找到两者之间的恰当比较方法就显得至关重要。这种比较方法必须科学合理，同时便于操作，不能过于繁杂，以至于比较成本过高。

通过对上述国家和地区分析，我们看到，由于各国行政理念和公务员管理方式、各国文化背景不同，工资水平决定和调整机制也有所不同，因而，各国在进行工资调查时采取了不同的方式，从调查机构、调查对象和比较方法等都各有不同。

从调查机构上看：有的直接由政府组织实施调查，如美国由劳工部劳工统计局、日本由人事院负责组织实施。有的委托独立机构进行调查，如中国香港，由工资调查委员会委托独立机构进行调查。从调查对象看，美国调查 50 人以上企业，选取标杆职位进行对比分析，日本调查 50 人以上企业所有人员，中国香港则既调查规模较大的雇用至少 100 名以上员工的公司（比例为 75%），也调查规模较小雇用 50 ~ 99 名员工的公司（比例为 25%）。从比较方法看，美国是以职位评价为纽带，精确地实现公务员和企业的“职位可比性”；新加坡则是采取选取基准级别进行比较的方式，确定了公务员的两个基准的比较级别（行政级别中的特 I 级和超 G 级），作为公务员工资水平比较对象的则来自于六类较为“高薪”的职业中企业人员。从公务员管理上，上述国家和地区公务员职位类别划分比较细致，美国有详细职位分析，韩国、中国香港有不同职位职系及岗位划分，日本层级划分比较清晰，与企业对应性强。从上述分析看出，工资调查是找到和外部比较的一个工具，要根据我国公务员管理现状、行政文化考虑选择合适的方式和方法。

第三，公务员工资水平比企业相当人员工资水平略低。具体来说，虽然发达国家普遍建立起与市场接轨的公务员工资水平决定机制，不过这并不意味着公务员的工资要与市场中同类人员保持完全一致，更不是要保证公务员工资高于企业人员，相反是要在其基础上“打折”或者“适当滞后”，从而确保公务员工资水平合理适度。通过美国、中国香港等国家和地区的工资数据可以发现，宏观上看公务员平均工资水平要比社会平均工资水平高（美国联邦政府公务员比社会平均工资水平高55.4%），但是和企业相当人员相比则其工资水平略低。公务员工资兼具有很强的政治属性，在确立了市场决定公务员工资水平的基础上，各种政治因素（政府的考量、民众的呼声、预算的约束、政治家的博弈）都会对公务员工资水平决定产生具体且不可忽视的影响。其中，政府对公务员工资水平战略的定位成为影响公务员具体工资水平的关键。从发达国家和地区的实践来看，政府普遍把公务员工资定位于市场“匹配”甚至“略有滞后”的位置。这一方面是因为政府认为公务员需要具备公共服务动机及相应的“忍受”一定程度上的低工资；另一方面，考虑到政府公务员工作稳定性比企业更高、具有更高的社会地位、福利更为优越，从全面薪酬理论的角度来看，工资水平可以也应该保持适度略低的原则。而且，发达市场经济国家更为警惕公务员的工资水平因内部人控制而高于私营部门或应当达到的工资水平。

例如，美国最早在应用可比原则来确定政府工作人员工资水平时，就规定美国海军蓝领工人的工资应做到“紧随”私人机构；再从更为具体的工资调整来看，也充分体现了“滞后”的原则：一方面，联邦政府白领雇员的薪资上涨幅度根据雇用成本指数的测算应比私营部门雇员薪资上涨幅度低0.5%，同时，测算的标准是将调整期前一年第三季度的雇用成本指数和再之前一年第三季度的雇用成本指数进行比较，这样就从两方面确保联邦政府公务员工资水平略有滞后。在以“高薪养廉”闻名的新加坡，政府对公务员工资的定位是工资不应成为人才从政的阻力，但也不应成为吸引人才从政的主要因素：以部长级MR4级工资水平为例，其确定方法为先确定1 000位工资最高的新加坡人的中值，然后直接根据这一中值“打六折”——即乘以60%，这样“打折”的结果是，其工资水平在新加坡排名约为1 400位。

第四，通过民主的方式和程序来进行。具体来说，发达国家和地区普遍建立起立法先行、行政执行、国会监督的民主程序，确保公务员工资水平决定具有合法性、正当性。一般而言，政府会通过立法、行政或协商的方式来确定公务员工资水平。立法方式较为根本和持久，从大方向上确定公务员工资水平决定的原则、机制内容和要求；行政方式是通过具体的公务员工资水平决定机制的实施，采取科学合理的工资调查和比较方法，确定公务员工资水平的高低、调整的范围；共同协商方式最为民主，但在许多国家政府禁止公务员乃至关系到国计民生的公共部门人员罢工权利，集体协商和工会在决定公务员工资水平方面能够发挥的作用相对有限，而且公务员工资影响的范围并不局限于政府和公务员本身，因此有些国家和地区政府在作出公务员工资水平决策时需要征询各界包括公务员的意见。

民主的决策程序有利于减少社会公众对公务员工资水平的不满、提高公务员工资决策的社会接受程度，减少政府面临的外部压力。因此发达国家和地区政府采取的方式为“以共同协调为前提，由行政机构确定方案，并以立法形式提供保障”。

首先，国会进行公务员工资方面的立法。以上国家和地区都重视公务员的工资立法，不仅在公务员总法中对公务员工资问题作具体规定，而且还制定专门的比较的法律法规。在法律形式上主要有三类：一是在公务员总法规中予以规定；二是颁布专门的工资法；三是依行政命令进行具体规定和调整。其次，根据公务员与企业人员工资调查比较机制所确立的工资调查和比较方法，进行数据收集和分析比较。再次，最高行政负责人作出工资决策，审核和发布工资调整意见。最后，立法部门对调查过程、比较结果和工资决策等进行全方位的监督和建议，如中国香港议会就曾经对公务员工资调查只选取规模大于100人的大型企业提出了异议和建议，认为雇员人数少于100人的中小型企业同属香港经济支柱，并成功地使行政长官会同行政会议在2007年通过经改良的工资趋势调查方法，把规模较小的公司（即雇用50~99名员工的公司）纳入年度的工资趋势调查范围，并占整体数据的25%。

以美国为例，美国的工资调查与比较的程序包括了美国劳工统计局实施工资调查、由美国人事总署根据劳工统计局的调查结果计算地区内工资差距和地区工资支付额、由联邦薪金委员会向总统薪酬办公室提出工资调整建议、由总统薪酬管理办公室全面审核工资调整建议并向总统提交报告、由总统审核和发布工资调整数额、国会监督等，期间涉及的联邦机构包括了美国劳工统计局、人事管理署、联邦薪金委员会、总统薪酬办公事、总统、国会等。日本、新加坡、中国香港等国家和地区的公务员工资决策也遵循着类似的路径。

在吸收和借鉴发达国家、地区工资决定机制实践的基础上，通过借鉴其工资决定原则、思路、方法和机制，可以进一步明确我国公务员工资决定机制的改革路径。

第五章　构建我国公务员工资水平决定机制

第一节　公务员工资水平决定机制的选择：公务员与企业人员工资水平调查与比较机制

公务员工资水平决定机制，归根结底是政府如何为公务员确定工资、如何对公务员实施有效激励与保障的问题。建立一支高素质、高效的公务员队伍，已经成为政府人力资源管理的重要目标，越来越受到各个国家的重视。新加坡、中国香港等国家和地区都以拥有廉洁、高效的公务员队伍而骄傲，并视之为持续创造经济奇迹和保持社会繁荣稳定的重要经验。甚至在把政府视为“必要的恶”（necessaryevil）的美国，在现代意义上的公务员制度建立初期，公务员工资紧随市场中企业人员工资水平的原则就已经伴随着公务员职业化、中立化的进程而得以确立；自新公共管理运动以降，公务员工资在公务员人力资源管理中的重要作用和价值更得到重视。可以说，在长期的公务员制度的发展过程中，发达国家和地区已经建立起了和市场经济相接轨的公务员工资决定机制，政府更像是一个在劳动力市场中和其他企业和组织进行人才竞争的“雇主”。虽然政府自身的特殊性使得其和一般的企业性质不同，但是市场经济决定了在劳动力市场中、政府本质上就是寻求优秀、匹配的人力资源的雇主，哪怕这个雇主有点特殊。

我国公务员现行的工资水平决定机制迄今还没有真正转到同市场经济体制相适应的轨道上来，公务员工资水平决定缺乏充分的理论支撑、公务员工资水平脱离于市场已经造成了公务员本身和社会民众都对公务员工资收入不满的两难境地。相对工资结构、工资调整等其他公务员工资管理问题，公务员工资水平决定是最为根本性和基础性的问题。只有在合理确定公务员工资水平的基础上，对公务员工资结构是否合理、公务员工资调整的讨论才有意义。

从发达国家来看，建立起公务员与企业人员工资水平调查与比较机制，是实现公务员工资与市场接轨的通用路径。虽然各国在具体的比较措施方面存在一定的差异，但公务员与企业人员工资平衡比较已经成为普遍的原则和通用的路径。根据之前所述的劳动经济学等理论基础，在决定公务员工资水平及其调整的时候，之所以需要对公务员和企业相当人员的工资进行调查比较，主要原因在于企业人员的工资水平是通过劳动力市场决定的，劳动力市场上的供给方和需求方往往都有多个主体，劳动力供求双方之间的相互作用会自动产生某种劳动力的市场均衡工资。但作为一种特殊劳动力，使用这种劳动力的需求方即政府却只有一个，因此，公务员的工资不可能通过劳动力市场竞争机制加以决定，只能通过与企业相当人员进行工资比较，然后再在此基础上依照一定的规则加以确定。

公务员与企业人员工资调查比较原则是政府处理公务员与其社会中其他组织（主要是企业）工资对比情况的重要原则，该机制要求公务员工资水平应与企业中可比人员和相当职位的工资水平大体一致。特别值得注意的是，公务员工资与企业人员工资比较并不是简单地调查并计算出社会不同企业职业人员的平均工资，而是突出“可比”和“相当”人员的重要性。一般而言，相当职位或相当人员指的是构成职位最为本质的因素大致相若，这些因素分为两类，一类是与职位和工作本身有关的因素，例如“工作责任”、“努力程度”等因素，另一类是与任职者有关的人力资本要素，例如“学历”、“工作年限”等。在此基础之上选择非政府职位的比较对象，才真正具有可比性和参照价值。“相当职位”、“相当人员”在不同国家有不同的解释和实践，反映出了各国的政治、经济和文化传统。

通过建立公务员与企业人员工资水平调查与比较机制来决定公务员工资水平，是一套系统的运行机制和体系，这一系统需要包括以下三个重要的组成部分，各自发挥重要职能，不能混为一谈。

一、工资调查机制

工资调查机制是指采取科学的调查方法，对公务员的工资和企业人员的工资进行调查，以获得充分的、有可比价值的公务员和企业人员的工资数据。理想情况下，如果能够将全体公务员和全体企业人员的工资全部加以统计，可能更有利于进行客观而全面的比较，但是，由于调查、收集以及后期整理工资数据都需要大量的时间和费用，特别是对企业进行全面的工资调查成本巨大，因此，在对公务员工资和企业人员工资进行比较的时候，比较合适的做法是通过科学的抽样调查来获取能够代表全体样本的有效数据。因此，公务员和企业相当人员工资调查比较的第一步是首先要设计科学的工资抽样调查方案，工资调查方案一方面要确保获得的双方的工资数据是完整的、准确的，同时是具有代表性的，另一方面还要确保能够与工资比较方法相匹配。

二、工资比较机制

工资比较机制是指在获得必要的公务员和企业人员工资调查数据后，采取恰当的方法、途径对公务员和企业人员的工资数据进行比较，其核心是回答什么是“相当人员”、“可比职位”的问题。公务员工作的特殊性以及政府的独家性却使政府无法通过另外一个具有直接对比价值的标杆组织来进行公务员工资的比较。而只能设法通过与企业人员的工资进行比较来判断公务员工资水平的合理性及其调整的必要性。由于政府与企业之间的比较无法像企业间比较那样直接和便利，所以找到两者之间的恰当比较方法就显得至关重要。这种比较方法必须科学合理，同时便于操作，不能过于繁杂，以至于比较成本过高。

公务员工资调查比较制度并不意味着简单地将公务员工资与“社会平均工资”作比较，而是强调选择企业中“相当”人员或“可比”职位的工资水平作为参照对象，强调可比性、公平性和科学性。一般而言，相当人员或可比职位指的是公务员和企业人员的职位最为本质的构成因素（报酬要素）大致相若，这些因素一般分为两类，一类是与职位和工作本身有关的因素，例如“工作责任”、“努力程度”等因素，另一类是与任职者有关的人力资本要素，例如“学历”、“工作年限”等。在此基础之上选择非政府职位作为公务员的比较对象，才具有较强的可比性和参照价值。美国联邦政府公务员工资调查比较制度以职位为基础对公务员和企业相当人员进行比较，日本则以人力资本要素为基础来对二者进行比较，新加坡则建立了基准职位层级来搭建公务员和企业相当人员之间的桥梁。“相当人员”和“可比职位”在不同国家的不同解释和实践，反映出了各国相应的政治、经济和文化传统。

三、工资调整机制

工资调整机制是指在进行工资调查和比较之后，根据调查和比较结果做出确定和调整公务员工资水平的最终决策。由于在公务员和企业人员的工资调查中，往往只能基于现期支付的货币性报酬（即通常意义上的工资）加以比较，而无法将延期支付的福利以及非经济性报酬（如工作的稳定性等）加以比较，因此，还不能直接基于公务员和企业人员的工资比较结果来做出决策。也就是说在进行公务员和企业人员工资比较时，不能简单地基于当前的工资水平加以比较，还应统筹考虑双方存在的在工资调查中无法体现的其他方面的报酬差别。由于在公务员和企业人员的工资调查中，往往只能基于现期支付的货币性报酬加以比较，而无法将延期支付的福利以及非货币性福利加以比较，因此，还不能直接基于公务员和企业人员的工资比较结果来做出决策。也就是说在进行公务员和企业人员工资比较时，不能简单地基于当前的工资水平加以比较，还应统筹考虑双方存在的在工资调查中无法体现的报酬差别。

此外，基于公务员工资与企业工资的比较来调整公务员工资时，还不能仅仅考虑经济方面的因素，政治、社会等方面的因素同样需要被考虑到，比如，社会公众接受度对于公务员工资调整来说就是一个不能忽视的因素，公务员的工作量是否饱满、是否存在人浮于事的问题等都会影响社会公众对公务员工资的看法。如果说工资调查和工资比较更多地涉及技术方面的问题，那么工资调整则包含了更多的“政治”意涵。这指的是政府在做出决策时不仅要单纯考虑经济因素，也要考虑社会大众的可接受程度。例如，在美国，部分由于法律规定本身的弹性，部分由于面临的财政或政治压力，美国总统经常会利用法律中的例外条款来否定工资调整方案。

工资调查机制、工资比较机制和工资调整机制是公务员工资调查比较制度的重要组成部分，三者在确定公务员工资水平方面各自发挥着重要作用。其中，工资调查机制是基础，通过工资调查收集到的数据质量从源头上就决定了整个决定机制的科学性；工资比较机制是关键，建立起公务员与企业人员工资比较方案是

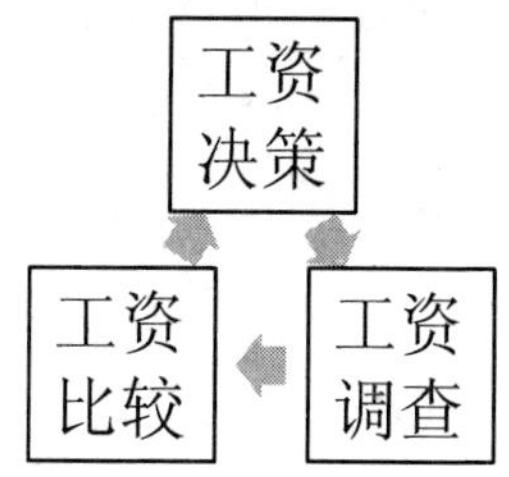

图 5－1　公务员与企业人员工资水平调查与比较机制

整个机制的核心，既要考虑到比较的科学性，也要考虑到比较的可行性与国家的政治、行政、经济环境的独特性，同时工资比较机制还对工资调查机制提出了相应的要求，不同的工资比较方案要求对工资调查的方案、方法、数据要求存在一定的差异；工资调整机制是结果应用和政治决策，需要以民主的程序、倾听利益相关者的意见，进行最终的决策。

第二节　公务员与企业人员工资水平调查与比较机制的目标与任务

一、公务员工资水平的目标定位

公务员工资制度改革影响范围广、政策性强、受关注程度高，我国政府要进行公务员工资制度改革，彻底解决公务员工资水平的困境，需要首先加强顶层设计，将完善公务员工资制度、确保公务员工资充分发挥激励和保障作用作为推进国家治理现代化的重要战略之一。

任何组织（无论政府或企业）的工资制度都应有其工资目标，而这一工资目标又服务于该组织战略的实现和该组织目标的达成。正如前文所述，公务员工资具有管理、政治、经济、社会、伦理等多元价值取向，所以政府需要综合多种理论、进行多重考量，对公务员工资水平进行科学的定位。

考虑到政府的特殊使命与立场，一般认为，政府公务员工资制度的目标至少应具备以下三个基本方面：

（1）维持一支忠诚、稳定、高效、廉洁的公务员队伍。这是确保政府顺利执政，持续有效提供各种公共管理和公共服务的基础。

（2）吸引、保留和激励合适的人才，为公众提供高质量、高效率的服务。

（3）这个工资水平被公务员自身和他们所服务的公众都认为是公平的。

与此相对应，在工资水平决定机制方面就要做到既可吸引合适的人才担任有关政府职位，又不会令公务员的工资水平过高，浪费财政资源，引起民众不满。设计和实施调查比较机制必须服务于公务员工资的目标。该机制中一切有违此目标的因素应当尽量剔除，而有利于该目标实现的因素则应加以保留和强化。因此，公务员工资水平决定体系首先要解决的第一个问题就是根据公务员工资制度的目标，确定公务员工资水平的目标定位。也就是说，和社会上和市场中其他职业和组织人员相比，公务员的工资水平应该处于什么位置。公务员与企业人员工资水平调查与比较机制要求公务员工资与企业可比人员和相当职位大体一致。根据不同国家的国情，这一机制可以有不同的形式，同样，受到各国文化传统与宪法精神的影响，对工资水平“大体一致”也有不同的理解，在应用调查比较结果调整公务员工资时更会有不同的工资“定位”，有跟随市场变动，也有居于社会中等水平。例如，新加坡政府就以“高薪养廉”闻名于世，其公务员工资水平在全世界范围来看都属于较高水平；美国联邦政府公务员工资则是属于“追随”私人机构的水平，其吸引和留住人才之处不在于工资水平绝对高，而在于工资水平相对稳定（工资水平降低的现象非常罕见，例如2000年以来GS工资表仅2011、2012、2013年保持冻结状态，其他年份均是增长）。但应该看到，这些都是基于各国政府及人民对于调查比较原则不同的理解和诠释，从根本上来说，并没有违背对于这一原则的追求。

无论是“高薪养廉”还是有学者提出的“足薪阻贪”，都是从廉洁或贪腐的角度来看待工资的作用，而且原则性较强、相对宽泛和粗略。要从根本上解决决定公务员工资水平的问题，就需要全面地认识公务员工资的本质、功能和作用，正确地对公务员工资水平进行定位，并提出较为细致、可行性强的对策措施。从我国的政治制度和文化传统来看，我国公务员工资水平的目标定位应该是：公务员工资水平与企业中相当人员的工资水平大体一致乃至略低的位置，从而使公务员工资既不成为吸引人才的唯一因素，也不能够成为导致人才不满甚至流失的原因。以上目标定位基于以下三方面的原因：

第一，我国政府的工作宗旨是为人民服务，政府工作的基本原则是对人民负责。人民是国家的主人，人民的利益至上，政府必须全心全意为人民服务。因此，进入我国公务员队伍应该首先认同公共服务的理念，具备为人民服务的公共服务精神。

第二，从全面报酬体系的角度来看，与一般职业相比，公务员职业具有更高的工作稳定性和更高的社会地位，非经济性报酬普遍较高。同时，当前我国政府机关公务员与社会企业职工养老、医疗福利“双轨制”刚开始转变的情况下，公务员的整体福利待遇仍然相对较高。所以，公务员的工资水平能够也应该在调查比较的基础上保持略低的水平。

第三，从劳动力市场供求的角度来看，公务员工资不能够脱离于市场。因此要通过调查比较机制，确保公务员的工资水平应当与国民经济发展相协调、与社会进步相适应，确保公务员的基本生活水平得到保障，充分发挥工资的激励作用，提高公务员的积极性并激发其奉献精神，为政府提高效率、效益和效果提供保障和支持。

二、公务员与企业人员工资水平调查与比较机制的目标与任务

根据我国的国情，公务员与企业人员工资水平调查与比较机制的目标是：按照《公务员法》的规定，建立公务员与企业相当人员工资水平调查比较制度，定期开展并发布调查比较结果，作为确定和调整公务员工资水平重要依据，提高公务员工资水平决定的科学性和公平性，实现公务员工资水平调整制度化。

从当前公务员工资制度现状和未来发展来看，公务员与企业人员工资水平调查与比较机制要完成以下三个任务。

第一，为科学确定公务员工资水平、实现公务员与企业人员工资水平相对公平可比提供依据。

根据前文对我国当前公务员工资水平现状的分析，公务员工资总体水平在社会总体职业类别中处于偏后的位置，特别是与高科技企业、垄断性企业和金融行业企业相比存在较大的差距。公务员工资水平偏低容易影响公务员的满意度、工作积极性和主动性，导致政府在吸引和保留人才方面面临一定的困难。如何合理

地确定公务员工资水平需要有科学的依据。通过建立公务员工资调查比较制度，以社会可比职位的工资水平来决定公务员工资水平，能够有力地实现公务员工资制度的外部竞争性，并且提高公务员和民众对公务员工资制度的认可和理解程度。

以企业的工资水平来确定公务员工资水平，一方面体现了政府作为劳动力市场中的参与者，制定具有市场竞争力的工资水平，保证了公务员工资水平的公开、公正和透明，保证了公务员工资水平的外部公平；另一方面体现了政府作为社会的管理者，引导社会收入分配结构的有序调整。

第二，为确定公务员工资等级结构（不同职务的工资水平差异）提供依据。

我国实行公务员职务级别工资制，从制度设计层面上来讲，职务工资和级别工资应该是公务员整体工资收入的主体部分，理应占据重要比重。所以，公务员工资水平的确定及调整，很大程度上意味着要对职务工资表和级别工资表进行及时、适当的调整。一般而言，一个组织的工资及薪酬管理是内部公平和外部公平的统一，需要综合权衡组织内部职位的一致性和外部市场的竞争性。根据前文分析，当前我国公务员工资等级结构还存在诸多不合理的地方，如工资等级较少、工资级差较低等，导致占公务员群体较大比重的基层公务员（主要是科级及以下公务员）的工资增长空间极其有限。这就需要政府对工资等级和结构体系以更加符合市场化的趋势进行调整。

通过公务员工资水平调查比较，以公务员职务的市场价值来确定不同职务的工资水平差异，使得公务员的工资结构更加科学合理，保证不同级别、不同职位类型的公务员工资水平具有合理的市场竞争力，也使得公务员工资回报与价值贡献有机地统一起来，促进公务员工作积极性的提升。

第三，工资调查结果为公务员工资动态调整提供依据。

在市场中随着企业竞争的加剧、外部环境变化频率加快，企业人员的工资也变得更加不稳定，受到外部环境的显著影响。在这样的情况下，公务员工资也应该紧跟国民经济发展形势，在经济快速发展、物价水平提高、企业人员工资增长的情况下，公务员工资也应有相应的增长；在经济放缓、企业工资增长停滞甚至有所下降的时候，公务员工资也应有适当的变化。这正是使公务员工资回归市场、融入市场，使公务员更有责任为社会经济发展提供更为优质公共管理和公共服务的应有之义。公务员工资调查比较机制正是回答了公务员工资应该增长还是降低、增长或降低多少的关键问题，减少公务员工资调整的随意性，使得公务员整体工资的调整与市场工资的变化趋势保持一致，以此建立公务员工资的动态调整机制，从而保证公务员工资具有合理的购买力，提升公务员的满意度。

大部分发达国家和地区都建立了正常的工资调整机制，以固定的周期（大部分是每年）更新调整公务员工资标准。从现实情况来看，如果正常的工资调整机制缺位，那么政府调整公务员工资时往往是被迫调整，是在非调不可的情况下进行的，[①] 这就容易导致公务员工资调整“欠账”太多，合理的工资调整被积压起来，一旦进行调整就可能会出现调整幅度大、民众产生质疑的现象。我国在建立公务员正常增薪机制方面做了很大的努力，但是，受限于公务员工资调查比较制度的不够完善，不能及时判断市场的工资水平变动情况，还没有建立起完善的正常增薪机制。从这个意义上来说，建立公务员工资调查比较制度是建立正常增薪机制的关键所在。

第三节　公务员与企业人员工资水平调查与比较机制的要求

基于前文理论分析，我们不难发现，在确定公务员工资水平及其调整的时候，指望通过分解出企业员工工资水平决策的各种影响因素，然后量化处理这些影响因素对工资水平的具体影响，最后再将这种影响机制直接套用到公务员的工资水平决策之中，可操作性不大，最终仍然需要通过公务员和企业人员的工资调查和比较来决定公务员的工资水平。然而，在对公务员和企业人员进行工资调查和比较时，两类人员之间的差异性以及弱可比性却决定了两者之间的比较并非易事。

概括来说，基于理论和实践两个方面的考虑，实施公务员与企业人员工资水平调查与比较，可能需要遵循以下两个要求：

---

① 孙正民、崔爱茹：《国外公务员工资制度比较》，载于《经济研究参考》1992 年第 2 期。

一、充分顾及政府与企业的差异

调查比较机制的核心问题是如何把公务员工资与企业工资做比较，以及如何把调查比较结果应用于公务员队伍。在解决上述两点基本问题时，承担实际调查工作的机构必须充分顾及政府与企业之间的差异，特别是那些与公务员工资相关的差异。

政府与企业之间至少在组织性质、运作模式、工作要求及有关聘用和工资安排等方面存在以下差异：

（1）政府和企业的组织性质与目标存在本质差异。企业是营利性组织，追求利润的最大化；政府属非营利组织，不以经济利润为其核心目标。相异的组织使命决定了两者关注不同的领域：企业普遍强调的是利润率、销售额、股票价格上涨等经济指标，而政府关注的是政权的稳定性、管理效果与效率、服务水平与质量、公众满意度、公务员队伍稳定等方面。

（2）由于政府和企业有不同的组织目标和运作模式，两者决定工资水平的方法不同。企业的工资决策主要服务于营利目标，因此其企业个体的工资水平很大程度上受到职业的劳动力供求情况、行业的景气状况、整体经济状况以及企业自身的财务状况和预期前景等因素的影响。因此，与公务员队伍比较，企业的工资更易出现波动，并且波幅可能较大。而政府则着眼于社会稳定和公众福利，并且不只限于经济利益的范畴。如果公务员工资像企业一样波动，难免会令公务员工资制度存在较大的不稳定因素，以致与维持一支忠诚、稳定的公务员队伍的工资目标相悖。

（3）企业往往实施较为灵活的聘用和解雇制度，并采用更具弹性的工资安排。其员工的工资组合已反映了这些安排（例如绩效工资、公司花红等）。与公务员队伍相比，企业员工的职业保障较低，但其收入组合则可做较为灵活的安排。而大部分公务员则享受相对固定的工资收入及退休金，如无违纪等行为，一般可留任至法定退休年龄。同时，与企业人员相比，公务员在福利方面有较大的优势。

（4）公务员和企业员工的事业发展较为不同。公务员的职业生涯发展相对较为稳定，一般是在既定的制度下稳步晋升，其发展前景已在所属职系的结构中有所反映。但就企业员工而言，即使从事的是同一行业，也会因个别公司作风有别、市场情况变化和个人取向而导致各人的事业发展模式出现较大差异。每一个雇员的职业发展都具有较大灵活性、多样性和随机性，具有较大的风险。

（5）公务员除了工作上被要求的绩效指标之外，还需更加强调坚持一些基本信念。如："为人民服务"、"维护国家的安全、荣誉和利益"、"忠于职守，勤奋工作，尽职尽责，服从命令"、"公正廉洁，克己奉公"。这些信念是政权的根基，塑造了现今公务员队伍的基本研究化和外在形象。

（6）某些公务员职位（例如纪律部队职位）所执行的职责为公务员队伍独有，因此不可能为每一个公务员职位在企业中找到相当的职位。即使能在企业中找到相当的职位，公务员职位和企业职位在工作情况及任职要求方面也不会完全相同。举例来说，某些公务员职位所需的知识和技能，与企业中相当职位相若，但前者需要参与制订和执行全国或者地区的政策、条例或法规。并且，公务员职位中的某些特殊因素（例如向公众问责）在企业职位中不存在或者不重要。

（7）在市场经济国家，企业之间的竞争异常激烈，因此，政府公务员面临的绩效压力通常不如多数企业员工那样强烈，尤其相对于私营企业。

（8）大部分地区的公务员仍具有相当优越的社会地位，甚至享受特殊的"尊重"；虽然这一现象随着我国市场经济和民主政治的发展正趋于淡化，但企业人员社会地位的提高仍然受到中国传统"官本位"思想的束缚。

二、遵循工资调整与比较的原则

（一）非精确比较原则

所谓非精确比较原则，是指在将公务员的工资与企业相当人员的工资进行比较时，不应当也不可能追求全面而精确的比较，而只能是采取局部精确但总体相对模糊的比较方式。

从目前企业之间进行工资比较的方法来看，主流的方法是职位或职位等级比较法（通常称为职位比较），其次是以人的特征作为基础的比较（通常称为品位比较法）。前者以美国为代表，后者以日本为代表。不仅两国企业间的工资比较分别采用这两种做法，而且这两个国家的公务员和企业人员工资进行比较时，也采用同样的方法。

总的来说，这两种方法都是建立在相对精确比较的基础之上的，前者是在职位分析的基础上，通过职位评价的方法建立政府职位和企业职位之间的价值对应关系，然后通过企业相应职位的工资水平来判断政府相应职位工资水平的高低。后者则是在地区相同的情况下，从政府和企业中找出在学历、职务、工作年限等个人特征相同的两类人员，然后通过企业人员的工资水平来判断政府中同类人员的工资水平高低。

这两种比较方法均有各自的优点，但是这两种比较方法同时都存在一些必须满足的前提条件：职位比较法要求政府和企业对职位的概念都非常清晰，都进行过系统的职位分析，有规范的职位说明书。此外，还要求这两类组织必须都采取根据职位价值来支付工资的做法，即坚持对同类职位支付大体相同的报酬。而品位比较法则要求政府和企业都必须采取根据与人有关的一些特征（学历、职务、工作年限等）来支付工资的做法，即都接受相应的个人条件类似的人在不同的组织中应当获得大体类似工资的逻辑。

从目前情况来看，中国公务员的职位概念比较模糊，职务概念比较清晰，政府没有进行过系统的职位分析工作，职位设置也比较随意，而且大部分企业却实施了职位分析，编写出了职位说明书。公务员的工资遵循的是职务或行政级别逻辑，职务越高，通常工资水平越高，在职务级别相同或都没有职务的情况下，往往是学历和工作年限决定个人工资水平的高低。因而，中国公务员的工资逻辑基本上是根据职务或行政级别定工资，而不是根据公务员具体承担的职位来定工资。总的来说，我国公务员的工资体系类似于日本的政府和企业的工资体系，属于品位工资体系。

而中国的大部分企业却更加重视职位，根据职位定工资已经成为共识，在很多企业中，尽管行政级别或职务相同，但由于具体的职位所承担的责任、压力以及所需要的知识、技能不同，不同职位的工资存在明显的差异。比如在一些银行中，同样是部门负责人，一线部门的部门经理的工资水平要高于职能部门的部门经理，而职能部门的经理人员的工资又高于行政后勤、党群或工会部门的部门经理。从这方面来说，中国企业的工资逻辑更为偏向职位，而不是职务决定或个人的资历决定。总的说来，我国企业员工的工资体系类似于美国的企业和公务员的工资体系，属于职位工资体系。

在公务员和企业人员的工资决定基础并不一致的情况下，我们可能既无法完全按照美国式的职位比较法来进行工资比较，也无法按照日本式的品位比较法来进行工资比较，而是探索一种相对模糊的工资比较方案。等到将来条件成熟之后，或许可以再采用更为精确的比较方式。

为了保证调查与比较的科学性，准确、科学的数据是前提。因此，在将公务员的工资与企业相当人员的工资进行比较时，应以数据准确性为优先价值选择，不必追求过多的数据，而是应当在满足调查基本要求的情况下，应当尽可能地找到一定数量的精确数据来进行比较。这是因为，要进行公务员工资和企业相当人员的工资比较，两类人员的工资数据的准确性和代表性无疑是至关重要的。然而，由于搜集数据必然需要大量的时间和成本，尤其是企业人员工资数据的搜集和整理会需要更高的成本。因此，不可能采取全面的工资调查方法，而只能是选取恰当的比较对象，然后集中精力锁定工资调查的范围，然后力求数据的准确、完善及其对整体的代表性。比较方案的前提是必须确保两类人员的工资数据真实性，而从比较的目的来说，少而精的数据会比多而不可靠的数据更有价值。

（二）工资性报酬比较原则

所谓工资性报酬比较原则，就是指在将公务员的工资与企业相当人员的工资进行比较时，当前方案应当仅仅将比较的范围局限性是工资性报酬部分，即基本工资、奖金再加上一些当前以现金形式支付的福利，至于延期支付的现金以及当前支付的一些非现金性福利，则不纳入比较的范围。

从理论上来说，在比较两类组织中的同类人员的工资时，不能仅仅比较当前获得的现金性收入，而是应当将组织提供的所有工资福利一并纳入比较范围，即按照大口径的工资概念、全面薪酬的角度来进行比较。具体来说，应当纳入比较范围的包括基本工资、各种津补贴、各种当年领取的奖金、当年享受的具有一定经济价值的各种非现金性福利，同时还应当包括医疗保险、养老保险等社会保险、住房公积金以及各类补充保险、股权激励等内容。此外，考虑到中国当前高额的住房价格，能够通过组织获得的住房购买优惠也同样是一种应当被考虑到重要福利。

然而，由于三个方面的原因，在工资比较方案中做大口径工资调查和比较的难度很大。一是对各种非现金性福利的数据进行收集的成本很高，不同的企业往往有不同的福利项目以及福利水平，比如有些企业有补充的养老和医疗保险，而有些企业却没有。再加上很多非现金性的福利并非当前能够享受，而是必须等到退休之后，这样，对其价值进行计算的难度就更大。二是企业人员的社会保险体系与公务员的社会保险体系——尤其是养老保险和医疗保险等存在根本性的差异，比如，企业人员需要在工作期间缴纳养老保险，但是在退休后领取的养老保险金却大大低于在职期间的工资收入，而公务员在工作期间却并不需要缴纳养老保险，但是在退休后养老金却与在职时的养老金相差不是太大。如果要将这两类人员在此类福利方面的差异计算清楚，无疑是难度很大的。三是住房优惠的核算成本也很高。原因之一是并非所有的公务员都实际上享受到了住房优惠，原因之二是不同地区、同一城市的不同地点以及同一地点的不同建造时间的房地产价格差别极大，要想测算出享受了住房优惠的公务员到底从住房中获得了多大的货币价值，工作量无疑会非常之大。

因此，工资调查与比较应限于对公务员和企业人员之间的工资性报酬的比较，至于住房、各类社会保险以及无法货币化的福利内容并不纳入比较方案之中。至于两类人员在福利等其他方面的差异，将来可以在公务员工资调整方案中加以考虑，比如，如果认为公务员的福利水平高于企业人员，可以在比较的基础上，使公务员的工资性报酬适当低于同类企业人员。

第四节　公务员与企业人员工资水平调查与比较方案的构建

如前文所述，工资调查机制、工资比较机制和工资调整机制是公务员工资水平决定机制的重要组成部分，三者在确定公务员工资水平方面各自发挥着重要作用。其中，工资调查机制虽然在现实机制运行过程中是前提，但在制度的构建时期，工资比较机制是关键，因为建立起公务员与企业人员工资比较方案是整个机制的核心，不同的工资比较机制还对工资调查机制提出了相应的要求，不同的工资比较方案要求对工资调查的方案、方法、数据要求存在一定的差异。因此，以下将按照工资比较机制、工资调查机制和工资调整机制的顺序分别进行设计和阐述。

一、工资比较机制

从发达国家和地区的公务员与企业人员工资调查比较的方法来看，在对公务员和企业人员进行匹配和比较时，根据各国国情的不同，存在以人为基础的比较、以职位为基础的比较和以职位层级为基础的比较三种不同路径方式。

以人为基础的比较方法也可称为人力资本比较法，该方法基于人力资本投资理论，认为政府和企业中具备相似人力资本的人员应该获得大体一致的工资水平，通过教育、培训等人力资本投资活动积累下来的人力资本是应当获得相应的回报。人力资本因素包括受教育程度、任职年限、年龄甚至性别等。以人为基础的比较方法认为，通过调查出企业中和公务员有类似人力资本水平的人员的工资水平，来确定公务员的工资水平。日本是采取人力资本比较方法的典型国家，按照同地区、同学历、同工作年限、同职位的“四同”方法来进行比较，这种比较寻找在政府和企业中具有完全四同的人员，然后参照企业“四同”人员的工资来确定公务员的工资。

以职位为基础的比较方法也可称之为职位评价法，其思路是对公务员和企业员工所承担的工作以职位为基础进行职位分析，然后进行统一的职位评价（通常采用定量的要素计点法来打分），最后在评价的基础上划出职位等级（实际上是职位价值等级），在同一职位等级中的公务员职位和企业职位理论上具有相同的劳动价值，公务员的工资即可参照企业同职位等级中的其他职位的工资来确定。美国政府和企业的职位评价和职位管理经历了多年的发展，职位体系清晰，职位评价成熟，根据职位评价要素建立起公务员和企业人员的匹配关系受到普遍的认可，因此有较为充分的基础进行以职位为基础的比较。

以职位层级为基础的比较是一种在借鉴了同价值职位比较法的基础上构建的一种工资比较方法，和要求精确、职位评价要素清晰的职位比较方法相比，它是一种相对模糊的公务员工资和企业人员工资比较方法，它的比较基础是公务员和企业人员在各自的组织中所处的层级，如高级管理层、中级管理层、基层管理层以及操作执行层等。新加坡、中国香港采取了职位层级比较方法，从公务员职位体系中选取 2 ~3 个典型职位层级，通过调查比较企业中相应层级的人员工资水平，来确定典型职位层级工资水平，最后再根据典型职位层级的工资水平来调整整个工资结构体系。

（一）人力资本比较法

人力资本比较法是借鉴日本经验制定的基于同地区、同学历、同工作年限和同职位的比较方案。该方案首先依据上述“四同”的条件确定公务员和企业相当人员的对应关系，然后采用拉斯佩尔指数法对工资数据进行统计分析，从而确定公务员和企业相当人员的工资对比关系。

这种方案的优点是在地区相同的情况下，能够充分体现学历、工作年限以及职位等因素对于个人的工资水平所产生的影响。并且，从整个社会的宏观层面来说，相关经济理论确实能够证明这些因素对工资水平确实存在较大的影响。

这种比较方案也存在比较明显的问题：

第一，这种方案实际上假设公务员的工资决定和企业人员的工资决定完全遵循相同的规律。但目前我国公务员的工资决定方式更接近于日本的品位工资体系，而企业的工资决定方式更接近美国的职位工资体系。在两类人员的工资决定方式不一致的情况下，用人力资本方法进行工资比较在理由上就不够充分。

第二，即使是同样根据“人”的特征而不是“职位”的特征来确定工资，在各种个人特征中，并非所有的个人特征对工资决定都具有相同的重要性，而求这些个人特征之间往往也会有一定的相互影响，比如，学历和职位之间就会存在一定的相互作用。事实上，一些研究发现，对工资水平产生影响的最主要因素实际上是学历。

第三，人力资本比较法中的“同职位”实际上不可能在现实中做到，这是因为要在政府和企业中找到完全的职位对应是不可能的，所以在实际操作中，“同职位”实际上是用“同职务”来代替的。

（二）职位评价比较法

职位评价比较法实际是直接将具有同等价值的政府职位和企业职位进行工资水平的方法，这种方法是建立在职位分析和职位评价技术基础之上的。

这种比较方法是一种基于职位价值的工资比较方法，它通过职位评价的方法建立起政府公务员所承担的职位和企业人员所承担的职位之间的价值对等关系，基于同等价值的职位应当获得大体相同的工资这样一个基本逻辑基础之上。由于通常情况下，职位本身已经包含了对人的学历、工作年限等的要求，体现了在组织内部的管理层级，所以根据职位这一个因素了确定工资水平，可能要比根据人力资本比较方法来确定工资更为简单和直接。而且这种做法从劳动力市场的角度以及从人力资源管理的角度来说，也是很容易被大家所接受。事实上，职位评价技术已经是一种非常成熟的人力资源技术，并广泛运用于企业的工资水平决策之中，而且操作的难度也并不是很大。

职位评价比较法的实施需要具备两个方面的前提条件：第一，必须在市场经济足够发达，劳动力市场比较完善，劳动力的价格信号比较清晰的情况下，才有可能实施严格的同职位价值比较法。这是因为，在这种情况下，企业和政府中的职位概念都非常清晰，已经完成了职位分析工作，同时，企业中的职位的劳动力市场价格信号即工资水平相对明确，能够体现职位本身的市场价值。第二，整个社会必须是认同根据职位来决定工资水平的做法，存在一种以“事”来定工资，而不是以“人”来定工资的职位文化。即使是在政府机构中，大家也认同这种工资水平决策规则。不仅如此，它要求无论是政府还是企业中，职位的设置是相对稳定，否则很难进行明确的职位分析。

这些条件是我国当前可能并不具备。中国公务员体系在传统上是一种典型的官僚文化，大家更为认同行政级别或职务层级，并不认同职位，官员的提拔也是以职务等级为核心的，而不是以职位为核心的。事实上，到目前为止，我国政府并未系统地完成职位分析工作，尽管个别单位有所尝试，但在整个公务员队伍层面，这项工作是缺位的，如果从头做起，按照中国公务员队伍的状况来说，可能要耗费数年才能真正完成。此外，由于中国公共部门的定位及其职能分工等一直处于持续的改革和调整之中，因而在当前情况下进行职位分析，难度也会比较大。

（三）职位层级比较法

职位层级比较法是一种在借鉴了职位评价比较法的基础上构建的一种工资比较方法，它是一种相对模糊的公务员工资和企业人员工资比较方法，它的比较基础是公务员和企业人员在各自的组织中所处的四个管理层级，即高级管理层、中级管理层、基层管理层以及操作执行层。具体来说，可以考虑将公务员的“局级”、“处级”、“科长”、“科员”四个层级作为比较的职位层级基准，对应企业人员的“企业负责人”、“部门经理”、“部门内主管”和“一般行政人员”。

这种比较方法实际上主要参考的是职位评价比较法，只是考虑到中国政府中的职位概念并不清晰，实施严格的职位分析和职位评价的难度较大，简单地用四个等级对职位价值进行分类。在规范的职位评价中，一个组织的各种职位很可能会被根据职位价值的不同被划分为若干个职位等级，而不仅仅是四级，比如美国联邦政府普通公务员所承担的职位被划分为 15 级。大中型企业中的职位等级往往也会被划分为 10 个左右。职位层级比较法实际上是人为地用四个职位等级来代替实际上可能需要精细划分的更多职位等级。

其优点在于既尊重了职位自身的价值等级对工资决定的作用，同时又避开了复杂的职位分析和职位评价工作。

不过笼统地按照四个职位层级来对公务员和企业人员的工资进行对比，可能会遇到一个很多的问题，这就是，有些企业可能无法划分出四个管理层级，而且在企业规模不同的情况下，不同规模企业的四个层级之间是否具有对等的重要性或可比性存在疑问。比如，大企业的中级管理层和中小企业的中级管理层是否能够被视为具有同等价值的职位层级。从理论和实践两个方面的讨论情况来看，在进行工资比较的时候，无论是进行错层比较，还是进行不错层比较似乎都不具有很强的说服力。

其次，职位层级比较法要求将企业内部同职务等级任职者的工资求平均值，然后与公务员的相应职务等级进行工资水平的比较。但在企业中，同一行政级别的不用类型职位之间的工资差异实际可能很大，比如，销售经理、研发经理、生产经理、行政经理尽管同在一个职务等级上，但工资水平却很可能相差很大，而公务员在同一职务等级上的人工资水平却大体相同。

最后，简单地将所有组织中的职位都划分为四个职位层级，似乎是更多地在迎合职务层级的概念，而不是职位的概念。

职位层级比较法的改进思路主要有以下两个方面：

第一，不采取错层比较的方法，但是将组织中不存在四个管理层级的小企业剔除。这样就解决了不错层，大中小企业难以完全对等的问题，同时也解决了错层的理论依据不足的问题。

第二，严格定义四个管理层级，减少数据填报过程中因为误解而产生的原始数据误差。如果四个管理层级的定义不清晰，则容易导致工资调查中填报者理解错误，从而导致原始数据本身就存在问题。比如，在现实中，往往将从事职能管理工作的所有人都称为管理人员，但在四个职位层级的划分中，只有能够管人的人才能被称为管理层，从事管理类工作但是没有下属人员的企业人员，都应当被归为操作执行层。

二、工资调查机制

（一）工资调查机制的类别

结合发达国家和地区的实践，基于当前我国的政治、行政体制和公务员工资制度的现状经验，我国公务员与企业人员工资水平调查机制共由以下三个体系组成：（1）公务员工资水平比较调查，以3～5年的周期定期进行；（2）年度工资趋势测算；（3）入职职位工资水平调查，同样以3～5年的周期定期进行。三个体系的功能分别如下：

1. 公务员与企业人员工资水平比较调查

公务员与企业人员工资水平比较调查指的是根据公务员与企业人员工资比较方案，通过采取专业的抽样、统计方法收集公务员与企业人员的工资数据，并进行职位配对和比较，从而确定公务员工资水平。该体系的主要任务是定期为公务员与企业人员的工资比较提供客观的数据支持，确定公务员与企业人员的工资差距，为公务员工资定期进行调整提供支撑。由于该体系涉及工资调查、工资比较和工资调整等全方位的内容，主要解决公务员与企业人员工资差距超过合理预期（例如美国、中国香港都把公私差距临界值设定为5%）的问题，因此可能需要花费较大的成本，一般并不是每年都要进行，而是以3～5年的周期定期开展。由于需要系统地对公务员和企业人员相应的职位工资进行比较，而且属于以往没有、需要增加的“增量”调查，因此需要有较高的调查和比较的技术手段以及较为充足的财政资金预算做支持。由于工资水平调查意味着可能对公务员工资体系进行较大的调整，所以每隔数年也是为了保证一定的稳定性。毕竟，通过工资调查比较机制确定的公务员工资体系已相对市场化，能够保持在几年内确保没有较大的偏差。进行调查以此调查方案将包括以下工作：职位匹配与比较方案、城市（地区）抽样方案、企业抽样方案、公务员职位抽样方案、企业对等职位选择、数据比较方法、调查数据范围（如参与比较的工资范围）以及一套严格的实施程序和人员培训工作。

2. 年度工资趋势测算

年度工资趋势测算主要用于在公务员工资水平比较调查之外的年份中每年在固定的时间根据测算指标的变化来调整公务员工资水平。与公务员工资水平比较调查相比，年度工资趋势测算的频率较为频繁，但每次调整幅度可能并不大，力图通过每年微调公务员工资水平来确保公务员工资能够反映物价、经济发展等要求。年度工资趋势测算可以基于人力资源和社会保障部每年的企业工资调查数据，来反映企业人员工资水平的变动程度。年度工资趋势测算并不需要对公务员和企业人员进行配对比较，所用的方法主要是通过建立和监控若干统计指标，近似评估过去每年（12 个月）企业人员平均工资变动状况，用以小步微调公务员工资。例如，美国联邦政府就根据上一年度的雇佣成本指数来对通用工资表（GS）进行年度调整，中国香港、日本政府也都有设立专门的机制来每年调整公务员工资标准。

3. 入职职位工资调查

工资水平调查和年度工资预测调查涵盖了公务员整体的工资结构体系，入职职位工资调查的目的是将公务员的基准职位工资与企业新入职人员的工资水平进行比较。“入职职位”工资的能够真实反映当地初入职人员工资水平，非常具有可比性。初入职人员的工资水平通常会考虑学历因素，“入职职位”工资在进行公务员和企业相当人员工资比较中，两类人员的个人情况基本相同，具有很强可比性。样本的选取条件为：一是学历。大学本科毕业和大专毕业两种情况；二是工作年限为 1 ~3 年；三是年龄在 26 周岁及以下。确定这三个条件便可以锁定大学本科（或大专）毕业、入职 3 年以内的员工的实际工资水平，从而判断大学毕业后入职时间不长的公务员和企业相当人员的工资差异。其中要求 26 周岁以下的大学本科（或大专）学历，主要是考虑应届生，考虑初次入职人员的工资；工作年限设为 1 ~3 年，是基于转正、工作稳定性等方面考虑，更符合实际情况。

4. 三者关系

工资水平调查是“精准”的调查与比较，目的是定期对公务员和企业相当人员的工资水平进行比较，以确定公务员与企业人员的工资差距是否保持在合理和可接受的范围内；工资趋势测算属于“宽泛性”的调查，目的是每年根据客观指标的变化调整公务员工资标准。因此，由于后者不涉及对公务员与企业的匹配与比较，因此如果只进行工资趋势预测的话，就无法准确判断公务员工资水平是否真正恰当。同时，如果不每年进行工资趋势测算，则容易导致每隔几年进行工资水平调查时公务员与企业人员工资水平差距积累得过大，导致公务员工资严重滞后经济发展，进行调整时可能也会面临较大的疑问。

基于上述各种原因，有理由相信工资水平调查应作为调查比较机制的基础，而工资趋势测算则应作为工资水平调查的一个辅助制度。因此，工资水平调查与比较应定期和经常进行，形成机制。

（二）工资调查的数据要求

1. 工资调查的内容

工资调查的内容包括：政府部门信息、公务员个人信息、企业信息、企业人员信息、城市。

政府部门信息包括：单位性质、公务员数量、工资总额、平均工资等。

公务员个人信息包括：职位和职务信息、性别、年龄、工龄、受教育程度、工资水平。

企业信息包括：企业性质、行业、员工数量、工资总额和平均工资。

企业人员信息包括：职位信息、性别、年龄、工龄、受教育程度、工资水平等。

特别注意的是，本研究将“工资水平”界定为工资性报酬，主要是年度的货币性工资总和，至于住房、社会保障以及职位消费等其他方面的待遇差别，则不在本书研究的范围之内。对于企业人员而言，其工资水平包括年度以货币形式支付给本单位劳动者的劳动报酬，一般包括计时工资、计件工资、奖金、津贴和补贴、延长工作时间的工资报酬以及特殊情况下支付的工资。对于公务员而言，其工资水平包括职务工资、级别工资、津贴、补贴等货币性收入。

2. 工资调查的程序

（1）选取城市。本书将省会城市作为公务员和企业相当人员工资水平调查比较的基本单位。至于省内各地市公务员工资的确定，可由省政府参照省会城市的调查比较结果以及调整幅度，考虑各地市之间的经济发展水平、物价水平等方面的差异确定。中央政府公务员的工资水平可参照北京市公务员的工资决定。

以省会城市作为比较的基本单位的一个重要假设是，工资水平问题遵从属地原则，在全国平均水平上进行比较的实际意义不大。

总体上来看，省会城市的工资水平在各省中是最具有代表性的，各地市的工资水平往往与省会城市之间存在紧密的内在联系。一些大型企业在确定员工工资水平时，在各省内部往往也会根据各地市与省会城市之间的经济发展水平和物价水平等确定相应的同等级员工的工资浮动范围，事实上是以省会城市员工的工资水平作为全省各地员工的工资水平调整基准。

再从公务员内部来看，大家普遍对各省之间存在的工资水平差距有一定的认同度，但是对省内的过大工资差距则存在不满，因此，调查比较首先确定省会城市公务员的工资水平，然后根据省会公务员的工资水平适当调整各地市公务员的工资水平，是一种更能够被接受的方案。

最后，从实用的角度来看，以省或县为比较单位的可行性较差，由于省内各地之间存在比较明显的经济发展水平和物价水平等方面的差距，因此，不宜以公务员和企业相当人员的全省平均水平作为比较单位。而若以县作为比较单位，又有可能会出现可比企业的数量，可比样本不够以及操作成本过高等问题。

（2）选取企业。调查的企业应当定义为在被调查的当地为独立法人，或者是虽然并非独立法人，但开展独立核算，独立在当地缴纳社会保险的机构。在选取企业时，应注意以下三点：

第一，选取企业应基于主导产业的样本企业分布。在公务员与企业人员工资水平调查与比较机制中，作为与公务员作为对比的企业相当人员的代表性很重要。如前所述，工资水平的决定具有地区性的特点，而能够反映一个地区的工资水平的必然是该地区中有代表性的企业。而在企业的特征中，非常重要的一点就是企业的产业以及行业分布。

由于各地区的产业结构和企业的行业分布状况等存在较大的差异，因此，必须根据各地区的自身特点，选择在本地区真正具有代表性的主导产业中的代表性企业，而不应该选择各地区的企业样本时按照相同的行业比例来确定样本企业的行业分布。比如，在有些地区，来自制造业的企业样本所占的比例可能更大一些，而在有些地区，来自服务业的企业所占的比重可能会更大一些。在这方面，必须尊重各地区的企业实际分布情况。因此，可以借鉴美国的调查经验，将农林牧副渔业类企业从抽样框中剔除。

第二，样本企业应当以大中型企业为主。作为与公务员作为对比的企业相当人员应当来自于大中型企业，主要原因在于：首先，小企业与政府组织的规模差异太大，管理难度以及管理层次完全不可比，纳入比较的意义不大；其次，小企业的经营往往并不稳定，经营绩效变化大，而且工资数据不够不完善，搜集数据的成本高；最后，小企业的管理层级太少，无法与公务员的岗位形成明确的对应关系。从能划分出四个管理层级的企业中进行抽样，因此需要排除无法划分出四个管理层级的企业样本。

（3）选取企业人员职位。“企业相当人员”界定为企业中的管理人员。因工作性质的原因，企业中的营销人员、研发人员、专业技术人员、生产人员等不在比较的范围之内。公务员从事的工作主要属于行政管理或职能管理性质，与企业中的管理人员从事的工作相似性更高，工资水平决定的逻辑接近，可比性更强。根据标杆职位族层级比较法，应选取企业中人力资源管理、财务管理、行政办公室等在政府机构和企业中都存在的职位族，然后根据在这些职位族内部的管理层级确定各自的高级管理层（企业高管和政府局级）、部门管理层（企业部门经理和政府处级）、部门主管层（企业部门内主管以及政府科级）以及普通员工层（企业部门内普通员工以及政府科员）。

（4）选取公务员职位。选取公务员系统中人力资源管理、财务管理、行政办公室等职位族，从这些职位族内部分别找出科员、科级、处级、厅级职位的公务员，收集其工资水平数据。

3. 数据统计报告方式

（1）省会城市比较的基准数据报告。如前所述，公务员与企业相当人员的工资水平比较应当以省会城市为单位，因此，在报告两者的工资水平比较数据时，应当以城市为单位，重点报告两种类型的数据。一是平均值。即首先报告在同一个省会城市中，分布于四大职位层级和初入职中的公务员和企业相当人员各自的工资平均值及其标准差。这种平均值可以反映在每一个职位层级和初入职中的公务员和企业相当人员的总体平均工资水平对比情况。二是四分位数。即报告在四大职位层级和初入职中的公务员和企业相当人员各自的工资分布情况。这种四分位数是对第一种平均值的一种补充，更有利于看清楚在每个职位层级以及初入职中的公务员和企业相当人员各自的工资水平分布状况，能够更为全面地反映同一职位层级和初入职中的公务员和企业相当人员的工资分布规律，从而为政府的工资决策提供更多信息。

（2）全省以及全国数据报告。从理论上来说，如果有能力通过工资调查获得同一个省份内各市的公务员和企业相当人员的工资数据（通过与上面谈到的省会城市相同的方式得到），则可以根据每一个城市在每个职位层级上的公务员人数在全省各市同一职位层级上的公务员总人数中所占的比重，对各市不同职位层级上的公务员的工资水平分别做加权平均，同时还可以根据类似方式针对四个职位等级分别对同一个省份内部各市企业相当人员的工资数据进行加权平均，从而得到大体上能够代表全省公务员和企业相当人员在四个职位等级上的总体工资水平对比数据。各省可以以此作为参考依据对省内各地市之间的公务员工资水平进行调控。

同样道理，当全国各省的公务员和企业相当人员的分职位层级工资数据都得到之后，可以用同样的方式，分别获得全国的公务员和企业相当人员的分职位层级的平均工资数据，从而计算出在四个不同的职位层级（以及初入职）上的公务员全国平均工资与企业相当人员平均工资之间的差距。中央可以以此作为参考依据对全国公务员的工资水平进行调控。

（3）数据的准确性。调查数据的准确性对于调查比较结果的运用至关重要。

当前中央政府依靠地方政府向企业要工资数据的做法存在较大的问题，企业上报的工资数据一方面是存在对填报内容的误读和混乱现象，另一方面，同时也是更为重要的是，企业上报的数据与企业实际的工资发放数据存在较大的偏差。这一点仅仅通过对人力资源管理、财务管理以及办公行政等几个典型职位族的数据就能够看出来，通过实际访谈得到的数据与填报上来的数据存在较大的差异。因此，在未来的比较方案中，应当尽可能形成一种让地方政府有动力搞清楚企业的实际工资水平的机制，通过地方政府与企业之间的博弈来使得企业实际支付的工资水平明晰化，而不是通过自上而下地要数据的方法，由中央政府集中完成地方公务员与企业相当人员的工资水平调查比较工作，而是首先定出规则，然后将此项任务交给地方政府去完成。而如果按照这种基于省会城市的地方公务员与同城企业相当人员的工资比较方式来确定公务员的工资，则地方政府必然有动力去摸清楚企业的真实工资水平。由于企业的工资水平对于企业需要缴纳的税收、为员工缴纳的社会保障金等产生影响，因而，也不必担心地方政府无原则地影响拉高企业的工资水平。这样，通过地方政府与企业之间的博弈，便能够逐渐使企业的真实工资水平变成一个较为明确的信号。

三、工资调整机制

从1993年公务员工资制度改革开始，我国政府就开始提出要建立正常的工资调整机制，以使公务员工资水平适应不断发展的市场经济的要求。2006年公务员工资制度改革更是明确提出健全工资水平正常增长机制，与《公务员法》的规定一样，提出建立工资调查制度，明确了公务员工资决定机制的路径、依据和方式。

可以说，政府对建立正常的公务员工资调整机制已经有充分的理论认识，但从实际情况来看，恰恰由于缺乏具体实施机制，导致长期以来我国公务员工资水平的调整周期过长，缺乏足够的灵活性。特别是在公务员工资和市场水平发生较大差距的时候，也不能够通过合理的提高基本工资标准来弥补公私工资水平差距，只能在一定程度上“默许”地方政府通过提高津补贴的方式来弥补工资差距，导致公务员工资要么调整时间错位，要么就调整幅度反差过大，导致社会对公务员工资水平调整提出质疑甚至是责难，难以实现公务员工资调整的经常性和社会可接受性。

建立和完善公务员工资调整制度，意味着将公务员工资调整制度化和规范化，通过法律确定下来的程序对公务员工资进行依法调整。公务员与企业人员工资水平调查比较机制正是解决公务员工资调整依据的难题的关键，从工资水平调查比较的运行的技术层面和工资调整的“政治”层面来说，建立民主、科学的公务员工资调整制度大体包括以下几大流程：立法确定公务员工资调查比较机制的内容和方案、开展工资调查和工资比较、提交调整方案、审核批准、工资调整结果及流程评估。

第一步，立法确定公务员工资调查比较机制的内容和方案。目前《公务员法》我国公务员管理方面的最重要的法律，对公务员的行为规范、公务员管理有较为全面的规定。不过由于《公务员法》的统领性，其有关公务员工资管理的内容主要是原则性的指导意见，没有对如何落实和实施进行细化和具体的规定。从美国等发达国家和地区的经验来看，针对公务员工资制度出台了专门性的法律法规作为指导。因此，目前我国迫切需要根据《公务员法》、2006年公务员工资制度改革的规定和精神，细化《公务员法》对公务员工资管理方面的内容，加强实体法和程序法的立法工作。具体而言，应由人力资源和社会保障部委托公务员工资制度研究领域的专家、主管单位人员、咨询公司等各方面的专家学者，提交公务员工资调查比较机制的内容、方案、程序等，通过立法的程序交由全国人大常委会进行讨论和审议，将公务员工资调查比较机制的内容和方案上升为法律，从而使公务员工资调查比较机制、公务员调整机制有法可依，确立公务员工资调查比较机制听取民众的意见，保证其合法性、民主性。

第二步，依法开展工资调查与比较。工资调查即根据法律规定和调查比较机制，采取专业的、科学的、规范的调查方法，由人力资源和社会保障部劳动关系司或委托政府外部的专业第三方机构，收集公务员和企业人员的工资水平等方面的数据。在劳动力市场中，工资调查已经是较为成熟的技术，是企业了解竞争企业在为相应职位支付工资水平（也包括工资结构、福利等内容）信息、确保企业工资水平外部竞争性的重要手段和渠道。根据我国的国情，一方面可以依托人力资源和社会保障部现有的每年全国范围的“企业薪酬调查”来获得企业相关人员的数据；另一方面也可委托华信惠悦（香港在进行公务员工资水平调查时委托华信惠悦公司进行调查和比较）等第三方机构进行相应的调查。在进行工资比较时，要按照工资比较方案进行全面的比较，提供中位数比较、四分位比较等较为全面的比较信息，得出比较结果。

第三步，出台调整方案。根据工资调查和比较结果，由公务员主管部门综合比较的数据结果，充分考虑民众意见、比较结果、财政负担、国民经济形势等因素，与财政部门进行充分的协商与沟通，根据政府财政的实际情况，提出公务员工资调整方案及建议，并上报决策部门以供决策参考。

第四步，决策部门对公务员工资调整方案进行审批，结合经济发展形势、生活费用的变动、政府的财政状况、公务员的呼声等多方面因素进一步修改完善后根据规范的程序由国家领导人签署方案，上升为公务员工资调整政策。

第五步，在国家领导人签署方案后，由公务员管理部门组织实施公务员工资调整方案。值得注意的是，在实施过程中，国家权力机关（人民代表大会）有权对公务员工资调整的内容和流程进行监督；另外，公务员管理部门也应该进行及时的事中和事后评估，以验证公务员工资调整方案的结果是否有效，公务员工资调整的机制是否运行有效。

根据前文所述，公务员工资水平调查比较机制实际上包含了定期进行的工资水平比较调查、年度工资趋势测算、定期进行的入职职位工资水平调查。三种工资调查程序和步骤大体一致，运行程序见图5－2。

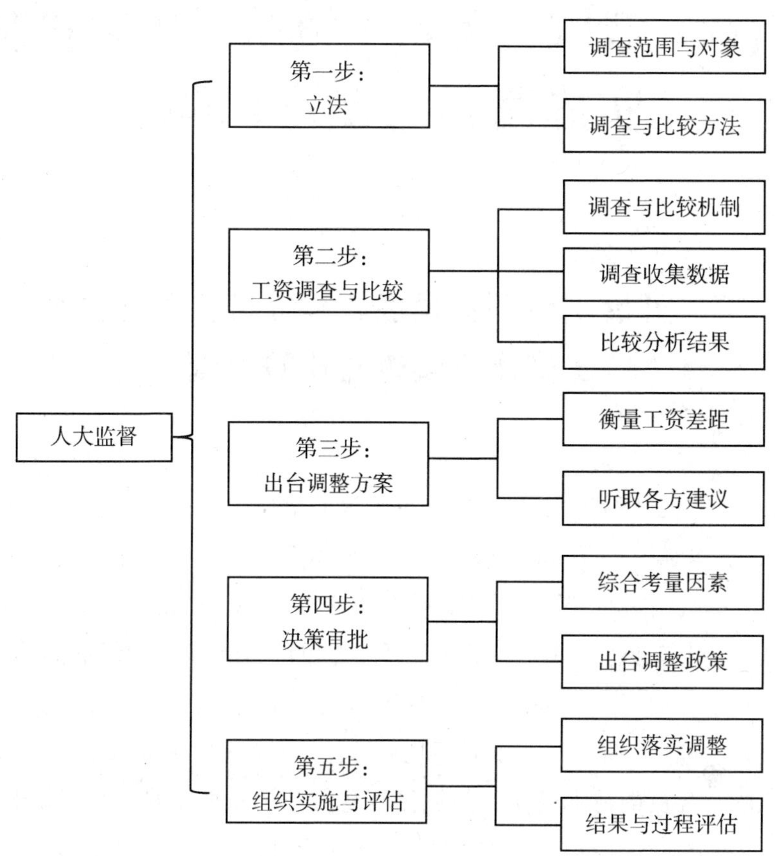

图5－2　公务员工资水平决定程序

第六章　我国公务员工资水平决定机制的实施路径与制度保障

第一节　开展工资调查摸底，建立公务员与企业人员工资水平调查与比较机制

2015 年 1 月，国务院发布《关于机关事业单位工作人员养老保险制度改革的决定》，决定对按照公务员法管理的单位、参照公务员法管理的机关（单位）、事业单位及其编制内的工作人员实行社会统筹与个人账户相结合的基本养老保险制度，从事实上改变了长期以来公务员及事业单位和市场相分离的养老保险“双轨制”的现状，向建立更加公平、可持续的养老保险制度迈进了坚实的一步。这是一个可喜的进步，体现了当下时期政府对公务员人事管理的认识并深刻影响了数量庞大的公务员的待遇情况，是我国深化改革的重要举措。公务员养老保险“并轨”意味着，公务员与企业人员的“身份区别、差异”越来越少，公务员所谓的“特殊性”在逐渐褪去，公务员与企业人员的“可比性”也就越强了。养老保险是劳动者最重要的福利之一，影响着其从组织获得的整体收入水平，因此也有人评价认为公务员职业的“含金量”水平降低了。相应的，公务员工资必然需要进行相应的调整，从而适应并应对养老保险并轨、保证公务员收入水平不下降的现状。但是必须注意到，在新的背景下，传统的单纯的调整工资标准的方式已经难以回应民众的质疑，无论是从长远来看还是目前的形式需求，完善工资制度，特别是建立起科学的、民主的公务员工资水平决定机制是公务员工资与市场“并轨”的重要途径。

一、建立公务员与企业人员工资水平调查与比较机制的条件

从当前的情况来看，建立科学的公务员工资水平决定机制的条件已经较为成熟。

第一，从法律基础来看，2006 年《公务员法》及公务员工资改革方案就已经提出来，国家实行工资调查制度，确保公务员的工资水平与国民经济发展相协调、与社会进步相适应。除此之外，1985 年以来历次公务员工资制度改革都体现出建立与市场经济相适应的公务员工资水平决定机制的精神。因而，实行公务员与企业人员工资水平调查与比较机制的法律基础比较完备和全面。2015 年 1 月，中央更加明确提出当前的重要任务是要落实公务员法要求，“建立工资调查比较制度，定期开展公务员与企业相当人员工资水平的调查比较，合理确定公务员的工资水平”，这说明我国政府已经充分认识到公务员工资水平决定机制存在的严重不足，建立健全公务员与企业人员工资水平调查与比较机制已经成为政府的重点工作。

第二，劳动力市场价格基本清晰。公务员的工资本质上就是从事公务员职位的劳动者的“价格”，虽然政府和公务员的特殊性导致这一价格不能“自动”地、单纯地通过劳动力供给和需求作用实现多方利益相关者都认同的价格水平，但是政府又不能完全脱离市场的作用，因此要以市场工资水平为基础、模拟劳动力市场的结果从而确定公务员工资水平。在这种情况下，国内劳动力市场的发育程度、不同行业和职业劳动力的市场价格是否清晰合理将制约建立调查比较机制的步伐。回顾 1993 年颁布《国家公务员暂行条例》之初，国内的劳动力市场还远不完善，所以当时只能将调整公务员工资的坐标定位于“与国有企业相当人员的平均工资水平相比大体持平”。通过几十年的改革开放，中国已逐步建立起了社会主义市场经济体制，其中一个重要的标志就是真正意义上的劳动力市场的形成。在这一供求双方自由竞争的市场中，形成了真实的劳动力价格，而这是调查比较机制的核心参照物。但是，目前我国一些垄断行业和垄断性国企，劳动力的价格还是在一定程度上偏离市场价格。因此，在向完全市场化的逐步过渡过程中，工资调查行业一定要合理选择，劳动力市场成熟度不高将直接影响到调查比较结果的准确性。目前，我国行业收入差距很大，垄断企业由于利润率高，工资

增幅大，而一些效益不好的中小企业和民营企业，工资增幅较小，甚至几年内都没有调整等。因此，必须要在保证调查样本的典型性和代表性的基础上，科学地选择行业样本。

第三，国家有财力支持。一个国家政府能否利用工资调查和调查比较的结果对公务员进行工资调整，最终还要受制于经济发展、财政能力等多种因素，如果国家的经济状况或政府的财政状况不容乐观，将最终妨碍调查比较机制的实现。从发展中国家失败的教训可以看出，政府的财政能力对工资调查制度的实施和调查比较原则的最终实现具有举足轻重的地位。例如，仅就企业工资调查而言，大范围地调查企业工资数据的花费就很高：假定每一个企业调查员的费用约 600 元，其他调查过程费用约 400 元，共计 1000 元左右。如果根据比较方案的要求需要调查 10 万家企业的话，总计约花费 1 亿元。实际上，国土范围较小的日本每年就要调查 5.1 万家企业，所以可以预见，我国需要调查的企业可能会更多，花费也就更高。特别是在建立公务员与企业相当人员工资调查比较制度初期，前期投入会更高。没有强大的财政作为后盾，反映物价变动的公务员正常增长机制都难以实现，更不用说通过调查比较来调整公务员工资水平。目前，我国经济迅猛发展，国力日趋增强，政府财政收入规模庞大，特别是经过分税制改革之后，中央政府具有较强的财政实力，能够为在全国范围内实施统一的工资调查和比较制度提供充足的财政保障。同时，政府也有在一定水平上提高公务员工资的财政能力，公务员工资有一定的增长空间。

基于以上所述，在我国，开展工资调查、建立科学的工资水平既具备了充分的客观环境条件，也有充分的内部动机和外部压力，因此，通过科学的技术方法来建立起公务员与企业人员工资调查与比较的机制已经面临着较为合适的“机会窗口”。

二、进一步加强立法，建立健全法律体系保障

公务员工资制度改革影响范围广、政策性强、受关注程度高，与国家的经济、社会发展紧密相联，关系到公务员队伍的激励与保障、影响到公务员公共管理和提供公共服务的动力和积极性，是党和国家领导人、政府及公务员、社会民众普遍关注的焦点问题。对公务员工资制度的改革和完善，需要遵循依法治国的

原则，立法先行，确保公务员工资充分体现民主和法治，实现民主的程序与科学的技术二者结合。针对公务员工资制度存在的显著问题和改革方向，加强公务员工资制度立法研究，加快立法进程，增强法治观念，营造法治环境，是深化和发展公务员工资制度改革的重要前提。在构建公务员与企业人员工资水平调查比较机制的过程中，中央政府应当从整体、全局的角度对公务员乃至整个公共部门的工资制度、收入分配制度进行全面的规划与安排，加强对公务员工资制度与其他人事管理制度的整体性和系统性的研究，并通过对工资制度和政策的可行性研究、工资测算研究、比较机制研究等全方位的研究，统筹改革公务员的工资制度，确定公务员工资调查比较机制的内容和方案。

目前来看，《公务员法》是我国公务员管理方面的最重要的法律，对公务员的职务级别、工资福利、管理制度等关键内容有较为全面的规定。但是，由于《公务员法》的定位及统领性，有关公务员工资管理的条款较为偏重原则性的指导意见，没有对如何落实和实施进行细化和具体的规定。从美国等发达国家和地区的经验来看，针对公务员工资制度出台了专门性的法律法规作为指导和约束。例如，在美国，正是通过颁布法律开启各个时期对公务员工资制度的改革：1962年，美国颁布了《联邦工资改革法》，统一了工资标准，并提出“工资比较原则”和“内部平衡原则”；1978年，美国颁布了《文官改革法》，该法提出了9项功绩制原则，并对工资制度的有关内容也在其中作了规定：同等价值的工作，必须给予同等的报酬，不仅要参考全国私营企业人员的工资水平，还应参照当地私营企业的工资水平；1990年颁布的《联邦公务员工资可比性法案》规定了公务员在工资差距、工资水平决定等几方面更为具体细致的原则，对工资的比较范围、比较内容和程序都实操性的内容都进行了具体的说明和确定。因此，目前我国迫切需要借鉴发达国家和地区的成功经验，结合我国的国情，基于较为全面的基础研究，根据《公务员法》的规定和要求，以立法的方式全面细化《公务员法》对公务员工资管理方面的内容，加强包括实体法和程序法在内的立法工作，尽快出台《公务员工资调查与比较法》，将公务员的工资标准、决定因素、调整方式、比较方法和调整程序等实体性内容以法律法规的形式确定下来，从而进一步指导我国公务员工资比较工作的进行，并向社会公开和接受广大人民群众的监督。

三、尽快开展公务员与企业人员工资调查与比较工作

改革开放以来的历次公务员工资调整，基本都是基于公务员的职务和级别标准来进行相应的提高。但从历次公务员工资改革与调整的实际来看，公务员工资改革和调整基本呈现出 6～8 年进行一次较大范围的调整的规律，调整周期长，调整金额大，影响震动也相对较大。公务员工资水平调整应当与市场工资水平调整在时间上和幅度上保持大体一致性，避免因两种工资水平的调整时间错位和调整幅度反差过大导致社会对公务员工资水平调整提出质疑甚至是责难，最终实现公务员工资调整的周期性、规范性以及民众可接受性。与此同时，社会主义市场经济的快速发展，劳动力市场的日趋成熟，企业人员的工资水平保持着国民经济的发展、物价水平的提高等相一致的速度。传统的公务员工资调整方式已经使得公务员工资和市场相错位。因而，很多专家、公务员乃至民众呼吁让公务员工资回归市场。①

在这样的背景下，为了较为彻底地解决公务员工资水平决定机制缺位、公务员工资水平与市场相分离的问题，重新对公务员工资水平进行科学的评估，进而确定公务员工资合理的水平，有必要尽快开展公务员与企业人员的工资调查，并按照比较方案进行工资比较，准确地把握公务员与企业人员之间的工资水平差距，从而将公务员工资水平决定机制全面转换到由工资调查和比较结果来决定公务员工资水平上来。这符合建立社会主义市场经济的要求，也能够较为科学地反映公务员的人力资本和“劳动价值”，引导人力资源的有效和合理配置。

基于之前所述的理论基础和发达国家和地区的成功经验，在确定公务员工资水平时要基于同工同酬及比较平衡原则合理确定工资差别。长期以来，在调查、统计和分析我国公务员的工资水平时，通常以国有企业工资水平为参照标准，或以社会城镇各行业平均工资水平来进行比较。但是，经过 30 多年的改革开放，以及市场经济的建立和完善，我国企业类型更加灵活多样，各种所有制经济蓬勃发展，相较于计划经济时期乃至市场经济初期都发生了较大的变化：国有企业在

---

① 刘昕：《让公务员工资回归市场》，载于《21 世纪经济报道》，2014 年 1 月 20 日。

经历了“抓大放小”的国企改革后，数量变少的同时竞争力变强，外资企业一直保持着较强的实力和较高的工资水平，而乡镇企业、民营企业等逐渐丰富壮大，不同规模和行业、不同所有制的企业在市场竞争中形成了具有较大差异的工资情况。因此，应统筹考虑国内各种类型企业相关人员的工资水平，全面反映市场工资情况。

人力资源和社会保障部曾进行过全国范围的较为统一的涵盖公务员和企业人员的工资水平试调查，但是从调查和比较结果来看，还存在数据来源准确性不足、比较方案不尽合理、抽样调查方法科学性有待加强的突出问题。政府各部门（包括人社部和国家统计局）所主持的各种类型的调查和统计由于不同的调查统计目的，还存在调查统计结果难以通用和运用的情况。而且，现有的对企业人员工资的调查还存在数据不准确、结构不适用等问题，所以直接对现有的工资调查与统计实行“拿来主义”方法还存在明显的缺陷。特别是我国还存在各地公务员工资水平差距明显、津补贴占比过高等影响获得公务员“真实数据”的障碍，应当说中央政府在很大程度上也并没有全面、具体地掌握各地公务员工资水平，这也是进一步进行公务员工资调整所需要补上的“一课”。所以，公务员与企业人员工资水平调查和比较意味着要以决定公务员工资水平为根本目的和出发点，根据公务员与企业人员工资调查和比较的方法技术要求，真实地、全面地获得所需要的相应的公务员和企业人员的两方面工资数据，为比较和决定公务员工资水平奠定坚实的基础。

改变传统的公务员工资水平决定机制、建立公务员工资水平调查比较机制是个系统工程，实际上包含了定期进行的工资水平比较调查、年度工资趋势测算、定期进行的入职职位工资水平调查。在进行公务员与企业人员工资水平比较调查并确立起定期的比较制度之后，正如前文所述，全面的公务员工资水平决定机制还要求基于每年或者每两年的物价水平、雇佣成本指数等影响企业人员工资水平及结果的指标，建立起年度工资趋势预测，每年都对公务员工资标准进行“微调”，也即公务员工资定期调整机制，避免公务员工资调整周期过长、工资调整幅度过大所带来的公务员和社会民众的双重不满。除此之外，还应该定期对入职职位进行工资调查，进一步完善公务员与企业人员工资比较机制，提高其准确性和可比性。

第二节 完善公务员工资收入制度

公务员工资是公务员整体收入（待遇）的核心组成部分，但同时根据全面薪酬理论，公务员工资也应该和公务员全面薪酬的其他组成部分协调一致，各自发挥不可替代的作用。公务员工资收入制度改革是项系统工程，公务员工资水平决定机制的建立乃至充分发挥作用，仍需要全面统筹公务员整体薪酬的制度建设，处理好公务员工资水平与其他方面收入和待遇构成的关系，从整体的角度全面完善公务员工资收入制度。

一、推进实施职务与职级工资并行制度

我国公务员实行全国统一的职务与级别相结合的工资制度，公务员担任的职务及其自身的级别决定了其工资水平。理论上来说公务员的职务和职级是存在一定联系的，职务是公务员的“职位”要素，集中体现了公务员当前所履行的职责、承担的责任乃至掌握的行政权力大小；与职务不同，职级是在职位要素的基础上体现出公务员的品位要素，即公务员个人的身份特征，因而职级应对一定的职务，并体现出公务员人力资本特征所带来的差异。公务员的职务和职级虽然存在一定联系，但较为科学的工资制度要求职务和职级在公务员工资水平决定中都发挥具有一定独立性的作用，形成职务序列的晋升通道和职级序列的双职业发展通道，从而分别满足公务员不同的价值追求并对其提供相应的保障。这就要求公务员工资制度要体现出公务员职位的差别、公务员级别的差别，确保不同职务、不同级别之间工资差距合理，构建具有激励性和保障性的工资结构体系。可以说，科学地调节职务和级别在工资决定中的权重，是市场经济的必然要求，是科学的工资管理理念在公务员工资管理中的应用，有助于确保公务员工资公平性、竞争性等目标的实现。

但不可忽视的是，正如前文分析，职务级别工资制在实践过程中产生了职务因素影响过大、职级因素影响不足的现象。也就是说，当前我国公务员工资制度存在的一个显著问题是，基层公务员工资水平低，面临着职务晋升和工资晋升的

双重天花板，影响了其工作积极性乃至生活水平。除了公务员工资标准偏低的原因之外，非常重要的原因是在当前的公务员工资决定机制中，职务因素发挥了关键性作用。虽然建立了职务与级别相结合的公务员工资制度，但是级别工资标准偏低、级别较少导致基层公务员的级别晋升通道也较为狭窄。因此，2014 年 12 月中央发布了《关于县以下机关建立公务员职务与职级并行制度的意见》，决定在县以下政府部门中在职务之外增加和拓展职级晋升通道，打破基层公务员工资晋升的天花板。

据 2008 年施行的公务员职务升降办法，担任办事员三年以上才能晋升为科员，担任科员起码三年以上才可能晋升为副乡科级职务，担任副乡科级两年以上才有可能晋升为乡科级正职。这意味着，从办事员到“正科”，正常的话至少需要 8 年时间。基层公务员晋升渠道少，速度慢。在现有的办法约束下，由于职务数量的限制很多基层公务员直到退休都可能无法担任科级正职，那么工资乃至相应的福利也就停滞不前了。这就影响了公务员工作的积极性。职务与职级并行意味着职级的提高就可以并不单纯依靠职务的晋升了，职级能够在达到规定的工作年限、并符合考核标准的条件下得以增加，从而解决一直以来的工资偏低问题。

要加强公务员工资对公务员的激励和保障作用，需要改革公务员工资结构、进一步增加级别数量等，同时解决基层公务员工资水平偏低、中高级别公务员工资竞争性较差的难题。

第一，进一步增加工资的级别数量，打破基层公务员工资增长的天花板，增加其工资提高的空间。“职务晋升与工资挂钩过于紧密并不是科学的选择，人的发展经常与升职或加薪挂钩是有百害而无一利的，即使没有挂钩，但人们往往还是会将其联系起来想”。① 特别是当晋升是被严格控制死的情况下更是如此。将公务员职务的晋升、级别的提高在一定程度上区别开来，使得公务员可以根据自身资历水平、所取得的绩效结果来晋升级别，并增加级别数量以扩展空间和灵活性。在没有职务晋升的情况下，职级提高所带来的工资待遇的提高能够确保公务员努力工作、提高绩效水平获得相应的回报，产生持续的激励作用，克服职务因素影响太大产生的弊端。同时，在职务工资和级别工资两项构成中，要突出强调级别工资的重要性，增加级别工资的比重，使得级别工资占据基本工资的比重大

① ［奥］马利克著：《管理成就生活》，机械工业出版社 2013 年版，第 163 页。

于职务工资。

第二，贯彻按劳分配的原则，拉大每级工资的浮动范围。与增加职级相配套的措施是借鉴宽带薪酬的思路，科学、合理设计工资标准，在分析和区别职位价值、承担责任大小等基础上，合理拉大每级工资的浮动范围。因为如果仅仅增加职级而没有拉大级差，某种程度上而言是在原有的工资框架体系内使得级别更加细致，更加强化级别的概念。和发达国家和地区政府相比，我国国家领导人工资水平是比较低的（根据 2015 年发布的职务工资表和级别工资表，为 12 557.5 元），在工资“高限”不高的情况下，级别增加更导致每个级别工资区间减少，并压缩低级别公务员工资水平。因而，在增加职级的同时有必要合理地拉大工资区间和工资差距，这样，既有利于保证低职务人员的工资水平，在没有晋升职务和级别的情况下仍有工资晋升的空间；又适当拉开不同职务、级别的工资差距，形成较为合理的工资结构；在坚持职务与级别相结合的基础上，实行级别与工资、福利等多方面待遇适当挂钩，增强级别的激励和保障功能，充分体现工作职责、工作能力、工作实绩、资历等多方面因素在公务员工资决定中的核心作用，确保公务员工资制度的内部公平性。

二、规范公务员津补贴，调整公务员工资构成

自从 1985 年公务员工资改革确立了结构工资制后，我国逐步开始建立起符合现代人力资源管理理论的工资管理体系，不同的工资类别各自发挥着相应的职能和作用。在一定的工资总体水平下（即在公务员工资水平确定的情况下），不同种类的工资组合关系就成为工资制度设计的重要内容，影响着工资激励和保障功能的实现，并进一步影响了公务员工资政策实践和运行效果。正如前文所述，长期以来除了公务员工资水平决定机制缺位的问题之外，公务员的工资“结构”——不同类别的工资构成部分比重和结构关系不合理，是一直没有得到彻底解决的难题。全国统一的包括职务工资和级别工资在内的基础工资仅占工资总体水平的 30% 左右，而公务员所获得的津补贴则占据了工资水平的较大比重，承担着本不应由津补贴部分承担的“调节工资差距”的职能，成为实际影响公务员工资收入的因素。这导致很多不理合理现象的产生，包括公务员工资水平的区域差别大、岗位差别大、透明性低等，容易导致社会民众对公务员工资产生不信

任感，增加公务员工资制度改革的阻力。因此，配合公务员工资水平机制的建立，我国迫切需要合理调整工资结构，特别是规范和清理公务员津补贴情况，让基础工资切实占据主体地位，津补贴发挥调节作用，奖金发挥激励作用，形成科学合理的工资结构关系。

当前我国公务员津贴和补贴主要分为地区性津贴和岗位性津补贴两个类型，地区性津贴包括艰苦边远地区津贴和地区附加津贴，其中地区附加津贴目的是使公务员工资充分反映地区经济发展、物价水平的情况；岗位津贴是国家对在特殊岗位工作的人员给予的津贴。应当承认，津贴和补贴是公务员工资的重要组成部分，有效地调节了工资水平，并在实践中发挥了积极的激励作用，特别是鼓励了公务员到艰苦边远地区、从事条件较为艰苦的工作岗位，在一定程度上补偿了该部分公务员所付出的辛勤劳动，体现了工资的公平性要求。但是，由于长期以来津贴的发放缺乏监管，各地、各机构存在一定的灵活性，导致滥发津补贴现象严重，甚至出现了津贴与单位资金预算能力挂钩的不合理现象，那些在地区和岗位方面没有特殊性、但资金充足的单位发放的津补贴数量更高，而真正需要扶持的艰苦边远地区岗位却受限于资金能力获得津补贴的水平较低，从而加大了不公平，在一定程度上背离了设立公务员津贴制度的初衷。

因此，应当加大改革的力度，规范津贴补贴制度。2006 年公务员工资制度改革提出："在清理规范津贴补贴的基础上，实施地区附加津贴制度。实施地区附加津贴制度的方案另行制定，适当时候出台"。虽然 2006 年全国范围开展了规范和清理津补贴、阳光工资的措施，但是更为关键和基本性的中央统一的附加津贴制度方案并未出台，在很大程度上影响了清理津补贴制度的成效。因此，在当前以行政手段为主坚决消除同级政府不同部门之间的津贴收入差距取得较大成效的基础上，政府应适时出台地区附加津贴制度方案，明确地区附加津贴的含义、范围、定位、标准以及实施办法。既要确保公务员工资的规范、统一和透明，又要确保适当赋予地方一定调整地区附加津贴的权限，确保公务员的工资水平符合当地区域性的经济情况。

同时，要完善艰苦边远地区津贴制度，提高艰苦边远地区津贴水平，切实发挥公务员津贴的补偿功能，消除区域间不合理的工资差距。第一，由中央决策部门统筹主持制定科学的、全面的评价指标体系，对艰苦边远地区进行评价、分类，并将其作为艰苦边远地区津贴范围、津贴类别、津贴水平的基本依据，为完善艰苦边远地区津贴制度建立科学的制度基础；第二，提高艰苦边远地区津贴的水平标准、实施范围，增加津贴的类别，使其更加全面地反映我国不同艰苦边远地区的现实情况，体现差别；① 第三，建立动态评价和调整机制，根据以地方城市为基础的公务员与企业人员工资比较结果，集合地区环境、社会、经济、企业人员工资水平等客观条件的变化，结合全国统一的基本工资水平的调整，定期对艰苦边远地区津贴的水平标准进行调整，切实提高艰苦边远地区公务员工作的积极性，消除不合理的工资差距。

总之，合理调整工资结构关系、清理和规范津补贴是配合公务员工资水平决定机制建立的重要举措，如果津补贴一直处于“失控”状态，那么再科学的工资水平决定机制也将失去存在的价值和意义，这也正是当前我国整顿和规范收入分配秩序的必然要求。

三、推进公务员福利制度货币化

我国《公务员法》规定，公务员按照国家规定享受养老、工伤、失业、生育、休息休假等福利。除去较为常见的和法定的福利之外，公务员的福利其实非常丰富和“隐性化”，这和我国的国情与传统密切相关。我国公务员制度发展的历史还比较短，且受到传统计划经济的影响比较大，全面、水平较高的福利长期以来是公务员的重要特征，构成了公务员整体收入的重要组成部分。随着市场经济的深入发展，一方面企业普遍采用现代人力资源管理模式，企业人员福利制度呈现出灵活、人性化的特点，另一方面公务员福利制度一直属于“尚未攻克的堡垒”，往往在泛福利的同时呈现出隐蔽性的特征，导致我国公务员福利制度与市场经济不太协调，不能适应新时期的要求。这主要表现在：福利在公务员整体收入中所占比重过大，福利水平高，覆盖范围广，实行的是“低工资、泛福利”的模式，而且在一些方面形成了公务员与企业人员的双轨制，受到了较大的批评。在这种模式下，养老、住房、教育、文化设施等显性或者隐性的福利，虽然并不进入工资，但却大大增加了公务员职业的“含金量”，而这与市场经济体制不相适应，造成了社会不公平。

---

① 张力、袁伦渠：《公务员工资制度改革需要新思路》，载于《中国国情国力》2007 年第 5 期，第 31 ~ 33 页。

公务员福利过高的代价是福利的资金投入高，浪费严重。实际上，福利更多发挥的是保障作用，过高的福利对激励公务员提高效率、改善服务发挥的作用并不直接。从发达国家和地区的公务员工资和福利制度来看，较好的福利保障是公务员的普遍特色，但是福利清晰透明、受到广泛监督更是福利制度的应有之义。在福利的种类、水平、提供方式等方面，我国还存在需要改进之处。

当前，中央已经着手改革公务员福利制度，自 2014 年 10 月 1 日起，对公务员和事业单位人员实行社会统筹与个人账户相结合的基本养老保险制度，在养老保险领域使公务员和市场接轨。除此之外，还应当根据市场经济体制的客观要求，参照发达国家和地区公务员福利保障制度的经验，发挥市场在福利自由配置方面的决定作用，减少容易导致社会不公平、加重政府财政压力的福利支出，由“无所不包”的“身份”福利转变为与市场经济相适应的福利货币化模式。

第一，积极推进公务员参加医疗、工伤、生育保险，使公务员社会保障全面与市场接轨。以医疗保障为例，以往公务员享受较高水平的公费医疗，往往导致政府医疗财政支出较大，带来较大的财政压力，并导致公务员和企业人员事实上较大的差别。目前一些地方政府开始试点取消公务员公费医疗待遇，全部并入企业职工基本医疗保险体系，即改变传统的公费医疗待遇，和企业职工一样纳入医保，个人和单位都要进行缴费，同时报销比例标准可能有所降低。在养老双轨制并轨掀开公务员福利改革大幕的情况下，中央应积极推进医疗、工伤、生育保险等社会保障与市场接轨。

第二，住房福利方面，由政府福利分房、集资建房等方式转变为住房补贴类的货币方式。住房保障是公务员比较隐性而且神秘的福利。当前房地产市场已经形成，住房成为包括公务员在内的所有职工都普遍关注的内容。由于近些年来住房价格的迅速提高，一套住房的价值甚至比正常情况下多年的工资总和还要多。在这样的条件下，传统公务员福利分房既会导致公务员和其他人员的严重不公平，而且会给政府带来沉重的经济压力，因此福利分房的保障形式已经难以为继。“要建立由市场决定住房资源配置的体制，变政府决策的体制为公务员自主决策的体制”。① 在取消福利分房的基础上，为保障公务员的住房条件，应在公

① 张力、冯奎：《我国公务员的福利制度货币化改革趋势初探》，载于《生产力研究》2007 年第 2 期，第 81 ~ 83 页。

务员工资性收入中增加一定的住房补贴，并保证住房补贴贴近市场价格。

第三，进一步推进公车改革，确保公务员交通补贴货币化，保证公平性。2014 年中央出台了《关于全面推进公务用车制度改革的指导意见》和《中央和国家机关公务用车制度改革方案》，公车改革在全国范围内开展，并取得了较好的成效。但是在公车改革的补贴标准方面还存在一定的问题，具体体现在补贴标准是按照级别发放，导致了不公平：司局级每人每月 1 300 元，处级每人每月 800 元，科级及以下每人每月 500 元。一方面补贴标准按照级别实行平均主义，另一方面也没有体现公务员真正的因公交通消费，这反而导致了公车经费的增加。因此公车改革补贴标准存在简单化、平均化的倾向。在未来的改革中，应着力按贡献或所承担的任务直接提供交通费，用货币形式对社会提供的交通服务进行消费，避免使公车补贴成为一种“固定的福利”。

总之，公务员福利是公务员整体收入中重要组成部分，涉及到公务员养老、医疗、生育、住房等切身利益，在过去是公务员引以为豪的内容，也产生了较大的问题，是未来协同公务员工资水平机制改革的重要配套制度改革。要通过运用科学的方法合理确定公务员福利总体水平、目标、种类、范围与标准，逐步推行和市场接轨的福利制度，合理确定福利水平，是构建完整的公务员工资收入体系不可或缺的关键环节。

第三节　开展职位分析与职位评价工作

公务员工资制度是政府人事管理制度的重要组成部分，当前政府人事制度正在向人力资源管理转型，构建战略性的人力资源管理体系成为政府的重要改革方向和要求。对于组织而言，人力资源管理是包含了职位分析、绩效管理、薪酬管理等重要职能内容的整体性、战略性的体系制度，公务员工资制度的变革同样无法脱离政府整体人力资源制度的大环境，薪酬管理与职位分析、绩效管理等其他人力资源管理制度密不可分。这也就意味着，对公务员工资制度的改革必须改变传统“头痛医头、脚痛医脚”的狭隘视角，需要政府人力资源管理体系的整体提升，政府职位管理这样基础性人力资源管理体系也要向更加市场化、更加高效率的方向迈进。

从发达国家和地区的实践经验发现，具有较为规范的公务员制度，特别是实行科学的职位分析与管理制度，对公务员和企业的相关职位进行标准统一的职位分析和职位评价，会给工资调查和调查比较机制的实施带来极大的便利，这也是实施工资调查和调查比较的基础工作。

从人力资源管理理念出发，对政府而言，职位分析是进行科学的公务员管理的起点和基础。在组织中，职位具有丰富的内涵，既意味着一定的工作职责内容、工作任务、责任大小、工作条件，同时也包含了从事该职位的人所应具备的任职资格条件，因此职位是整个组织进行人力资源管理的基础，绩效管理、薪酬管理、培训与开发等人力资源管理职能都应该以此为前提来开展。但是我国公务员制度并非完全以职位为基础，更加强调所谓“职务”、“职级”、“行政级别”的概念，是职位与品位某种程度的结合，这种管理现状一定程度上较为符合我国的历史传统、政治环境，但不可否认的是，忽视职位的重要性为其他的人力资源管理工作带来了很大的困扰。

发达国家和地区的政府人力资源管理体系大体都借鉴和学习了企业的人力资源管理技术和方法，开展了职位分析与职位评价工作，建立了坚实的职位管理基础。职位管理的核心价值观是以“事”的管理为中心，有利于实现责、权、利的统一，工资与绩效的统一。通过规范的职位分析工作，以对各个职位的职位说明书的形式固定下来，明确每个职位的职责、工作任务以及职位所需的任职资格条件。这样，职位要素就能够充分体现出每个职位、乃至每个职位上的人大致能够为组织所做的贡献，具有清晰、量化的优点。通过职位分析和职位评价，政府就能够衡量各个职位对组织的相对贡献的大小，在此基础上建立的工资体系能够具有较强的内部公平性。

职位分析和职位评价在公务员工资水平决定机制方面同样发挥着基础性作用。特别是建立公务员与企业人员工资调查比较时，如何建立起公务员职位与企业职位的对应关系是调查与比较制度的关键和核心，而职位分析、职位评价就能够搭建起比较的桥梁，确保是对同“价值”的职位进行的工资比较。具体来说，在进行公务员与企业人员工资比较时，职位能够成为联系公务员、企业人员这两种不同性质、不同类型人员的价值，从而能够进行以职位价值为基础的调查与比较，将本来相互隔离的公务员职位体系与企业人员职位体系联系起来。美国联邦政府公务员工资水平调查与比较机制就充分体现了职位分析和职位管理发挥的基础性作用。在工资调查中，美国政府为了建立政府职位和企业对应职位之间的可比价值平台，通过科学的职位评价方法，通过评价职位的价值搭建起沟通政府和企业的桥梁，为确立公务员工资奠定可靠的基础。而对政府和公务员职位进行职位评价的前提是政府和企业开展了科学的职位分析工作，符合规范的职位说明书能够帮助调查者在较短的时间内对政府和企业的职位进行科学的评价。这种基础性工作恰恰需要长期的积累与发展。通过职位分析和职位评价进行匹配的方法具有突出的特点，如具有较强的客观性和说服力，以分数的方式来进行比较和配对更加精确，同时这种比较方法要求的样本调查数量也比较低，从而能够有效地降低调查成本，节省资金。以美国为例，美国幅员辽阔，人口众多，企业数量规模庞大，但2007年美国劳工统计局只抽样调查3.6万家企业就能够符合公务员与企业人员工资调查与比较的要求。① 然而，由于我国的公务员并没有进行职位分析工作，而且现有的工资体系也并非是以职位为基准的，而是以行政级别为主，以任职年限为辅确定下来的，基本上属于一种以人为中心的工资决定方式，而大部分企业基本工资是以职位作为基础，同时以绩效作为决定浮动工资的基础。因此，在当前这种缺乏进行严格的职位对比的前提下，我国暂时还达不到像美国一样通过职位评价的方法将公务员与企业人员进行匹配比较，只能采取相对模糊标杆职位族层级比较法的方式进行折中。

当然我们还必须看到，美国通过横跨100余年的多项法案最终建立起科学完善的公务员与企业人员工资水平调查与比较机制，是一个逐渐完善和发展的过程，需要相当时间的确定机制、发现运行中的问题并进行不断深化和改进。我国在建立公务员与企业人员工资水平调查与比较机制具有开创性，人力资源管理基础较为薄弱，本身需要一定时间的建立、运行、完善的过程。目前，我国对公务员和企业职位进行工作分析和职位评价不足确实在某种程度上成为了制约建立工资调查和调查比较机制的瓶颈，但是，我们依旧可以选取条件成熟的地方先行先试，并着手开发适合中国国情的职位评价工具，而不能坐等条件的自然成熟。在未来应着力对现有职位进行系统和科学的职位分析工作，建立公务员职位评价系统，并在此基础上，对职位的相对价值进行评估。同时，推进公务员职位分类体

---

① 熊通成：《公务员工资调查比较的简易匹配技术探索》，载于《第一资源》2013年第8期，第13～25页。

系建设，完善公务员职位分类管理。在初始阶段，尝试先对公务员职务等级进行评价，与企业相应的管理层级建立起对应关系并进行工资水平比较；同时，开展职位分析工作试点，在一个省份，选择部分职位进行工作分析与职位评价，逐步积累经验，逐步完善职位评价系统。

需要注意的是，开展职位分析工作、夯实职位管理基础不仅是转换公务员工资水平决定机制的要求，而且也是未来我国人事管理体系的改革和发展方向。我国传统的政府人事管理以品位管理为主，并没有建立起科学的人力资源管理体系。强化职位的概念、弱化职务和级别的影响，有利于真正实现政府部门的“人职匹配”，为未来完善和发展公务员和领导干部选拔任用、绩效考核、培训开发、薪酬管理等机制奠定基础。

第四节　健全公务员工资监督体系

公务员工资来源于政府财政，理应受到民众的监督。特别是我国公务员工资面临一定的社会疑问的时候，要建立公务员与企业人员工资调查和比较机制，要按照该机制进行工资调整，就需要健全公务员工资监督体系，确保公务员工资制度的民主性和规范性，提高民众对公务员工资的理解和认可程度。

第一，推进阳光工资和信息公开，加强社会监督。阳光工资是我国政府着力推进的工程，充分体现了阳光工资、信息公开的重要性。客观来说，民众之所以对公务员工资不满，很大程度上在于公务员工资体系的封闭性。公务员工资封闭性的一个突出表现就是公务员工资处于“黑箱”之中，由于公务员工资的“保密性”，普通民众难以通过官方和权威的渠道了解到公务员工资水平情况。在这种情况下，关于公务员“灰色收入”、“住房福利”的说法就有了很大市场，民众也更很容易接受。其实不惟如此，长久以来，公务员工资管理实际上是比较混乱的，不仅普通民众难以掌握实情，甚至不同地区、不同部门的公务员，相互之间也如同“雾里看花”。特别是形形色色、五花八门的公务员津贴、补贴和各种额外福利，严重降低了公务员工资的严肃性和规范性，加剧了民众的不满情绪。这种情况一方面使得公务员工资难以接受社会舆论的监督，另一方面也由此缺少改进公务员工资的动力。正是因为公务员工资的透明程度低，民众普遍对公务员工资以及其他方面的收入有诸多较为负面的揣测，对公务员工资的认识往往偏于偏激而缺乏理性，这就导致即使公务员工资多年没有增长的情况民众仍然认为公务员不应涨工资，导致公务员工资增长始终面临很大的压力。从这个意义上来说，公务员和公务员工资制度本身也是工资不公开透明的受害者。

从发达国家和地区的公务员工资管理经验来看，“阳光工资”是成功的重要经验。例如，新加坡公务员的工资水平在全世界范围内都是较高的，但是其工资体系非常干净和透明，民众很容易理解并且能够方便地进行监督，所以新加坡公务员较高的工资水平并没有引起很大的不满。例如，为了进一步强化工资公开透明的原则，2012 年新加坡废除了部长等高层级的政务官特有的养老金计划，将其统一纳入全国统筹的中央公积金制度。不仅新加坡，美国、日本、中国香港等发达国家和地区的公务员工资制度、工资水平、工资调整、工资构成都是非常透明，而且是面向所有民众公开的，在其政府网站上就能够轻松地获取相关的信息。

当前我国公务员的职务工资、级别工资是全国统一和公开透明的，但是各种津补贴、福利相对来说是比较隐晦的。因此阳光工资的重点是配合清理规范津补贴，出台明确的津贴标准、津贴范围和津贴实施办法，对影响公务员工资水平的各种类型的工资都要加以公开透明；同时应公开公务员的工资预算、福利预算信息，核算各类职位的工资和福利标准并通过各种方式进行公开，力图达到民众只要根据职位和相应的标准规定，就能够计算出相应公务员的工资水平，并且能够及时获取和查阅工资标准文件，方便民众表达意见和看法、进行监督。“只有将公务员的工资、福利进行公开透明化的管理，才能让公众对公务员这一职业的认识回归其本身性质，社会也才会正确理解公务员工资、福利调整的必要性”。①

第二，进一步健全公务员工资监督机制，提高公务员工资公信力。具体到政策实践，就是要完善对公务员内部监督与外部监督的制度安排。

就公务员工资制度而言，内部监督主要指的是充分发挥权力机关在公务员监督体系中的作用。根据宪法规定，各级人民代表大会是我国的权力机关，权力机

① 沈瞿和：《浅析公务员工资的衡平及合理增长保障机制》，载于《中共福建省委党校学报》，2014 年第 6 期，第 51 ~58 页。

关对公务员的监督最具有权威性、强制性和法律的约束力。从美国等发达国家和地区的实践来看，公务员工资的各项决策最终都离不开国会（或议会、立法会）的认可，国会在公务员工资水平决定运行机制方向发挥了重要的监督作用，并且在实际上提高了公务员工资决策的合法性和社会可接受程度。但从当前我国的政治体制来看，包括全国人大在内的各级人大对包括公务员工资制度在内的公务员管理较难发挥相应的作用。在我国建立起公务员与企业人员工资水平调查和比较机制，定期对公务员工资水平进行调整，离不开人民代表大会的作用。因此，为进一步完善权力机关对公务员的监督机制，应当在人大常委会中设立一个专门对公务员管理进行监督的机构，审议公务员工资水平调整方案，并切实监督公务员工资与人员调查与比较的运行过程，及时纠正可能存在的不合理的地方，确保把人大的监督工作落到实处。除此之外，要加强人民代表大会对政府预算决算的监督，特别是强化对政府工资、奖金、福利等方面的监督。审查、批准和监督政府预算决算是人民代表大会的重要职能，也为人大监督公务员工资提供了现实可行的实现模式。以在人大监督政府预算方面走在前列的广州市为例，2014 年开始市人大要求政府的全部收入和支出纳入预算管理，特别是政府决算草案要按照经济分类编报支出，这就意味着政府为公务员工资和福利乃至接待费都要分门别类列清楚，这无疑为人大监督公务员工资、纠正不恰当、不合理的公务员工资和福利提供了便利。

外部监督同样是健全公务员监督体制的重要组成部分。由于包括政治体制在内的各种因素，容易导致政府内部监督失职，难以充分发挥效力，这就体现出外部监督的独立性和重要性。外部监督意味着在公务员的监督制度中，注重强化政府外部社会舆论的监督功能。在阳光工资的前提下，保证民众对公务员工资方面的知情权，确保民众能够通过方便可得的途径切实了解我国公务员工资政策、公务员工资水平标准、公务员工资水平决定机制等关键信息。政府应为人民群众表达对公务员工资的意见和建议的畅通渠道，重视民众对公务员工资方面的不合理乃至违规现象的监督举报，鼓励民众提供相应的线索、自由表达意志。同时，还要加强大众媒体的舆论监督功能，充分发挥媒体的“第四种权力”作用，有效减少公务员不合理的工资发放乃至灰色收入、贪污腐败的现象。最后，从长远来看，切实推行官员财产申报和公开制度是建立政府及公务员廉洁形象、抑制反腐、加强民众对政府和公务员信任的根本途径，也是构建立体性监督体系的重要组成部分，是未来的发展方向。总之，加强对公务员工资水平等方面的监督，既对公务员工资管理的各项制度提出了要求和挑战，更是使民众恢复对公务员工资理性认识的基本途径，从这种意义上来说，也恰恰是对公务员自身的一种“保护”。

第七章　总结与展望

第一节　本研究总结

公务员工资具有经济、政治和管理等多方面意涵，政府对公务员的工资管理比普通企业更为复杂、更有挑战性。有研究者曾形容中华文明传统的政府“恩给式”工资的特点：公务员对工资调整无从置喙，工资调幅高是政府德政，公务员应涌泉以报，奋勉从公；调幅偏低，亦当思来处不易，共体时艰。[①] 然而，在现代市场经济条件下，政府越来越发现低工资是无法保证公务员自动“报以”高质量的公共服务的。为了既有效控制人工成本和减轻财政压力、又有效和恰当地保障公务员的切身利益，建立科学、合理、公平的公务员工资水平机制就显得尤为重要。

在长期的政府实践过程中，美国、日本等发达国家和地区发展出了公务员与企业人员工资水平调查和比较机制，通过科学、民主的方式决定公务员工资水平，对我国公务员工资制度的完善有较大的借鉴价值。同时，该机制恰恰也是我国《公务员法》的明确要求，是未来公务员工资制度改革的发展方向。正是由于公务员工资本身所具有的多元价值意涵，使得公务员与企业人员工资水平机制的理论、方案等相关基础性研究显得非常重要。

本书以我国公务员工资水平决定机制为研究主题，通过研究公务员工资的经济学、公共管理、薪酬管理等理论基础，得出以上理论对公务员工资水平决定机

---

① 林文灿：《公务人员待遇调整制度之研究》，载于中国台湾“行政院”人事行政局研究报告，2010 年。

制的指导原则及相应的启示；梳理新中国成立以来我国公务员工资制度的发展历程和相应内容，分析得出一直以来我国公务员工资水平基本是由公务员的职务等级（通常所说的行政级别）所决定，科学、公平、健全的工资水平决定机制长期处于缺位状态，已经导致了公务员工资水平偏低等诸多问题；全面细致地展示了美国、日本、新加坡和中国香港等发达国家和地区公务员工资水平决定机制及工资水平情况，发现建立市场化的、公务员与企业人员工资水平调查比较机制已经成为先进国家和地区的普遍选择，并在现实中发挥了较好的效果；在理论研究和经验借鉴的基础上，基于我国的国情提出了建立我国公务员工资水平决定机制的内容，认为我国需要建立包括公务员工资调查、工资比较和工资调整在内的全面的公务员工资水平决定机制，并提出了明确的方案内容；最后本研究提出了建立该制度的实施路径和制度保障。

本书力图从理论和实践两方面对我国建立科学合理的公务员工资水平决定机制进行全面的研究。但由于公务员工资领域的复杂性和敏感性，本书的研究仍较显单薄，存在一定的缺陷，需要未来进一步的研究进行丰富和深化。第一是数据的局限性。在现实中各个地方、各个政府部门公务员拿到手的工资（不仅仅是中央统一的职务工资和级别工资）属于保密的状态，相关方面的数据非常少，给研究公务员工资带来了一定程度的困难。特别是，由于获取资源的能力有限，本书缺乏全国范围的公务员工资水平数据、企业人员工资水平数据对提出的公务员与企业人员工资水平调查比较方案内容进行全面的、系统的验证。目前的验证仅限于通过对郑州市和成都市调研获得的有限数据，虽然数据结果较为理想，但仍然需要更大规模的数据进行验证。第二，访谈对象的局限性。在本书中，对部分公务员、专家学者和企业人员进行了有关公务员与企业工资水平调查比较机制的访谈，但由于时间、精力有限，访谈对象还不够全面。第三，国内对公务员工资水平决定机制的研究较为缺乏，本研究的研究较大程度上属于探索性质，着重研究机制的内容研究，对于该机制如何建立和运行的研究尚存在不足之处。

第二节　展　　望

基于以上研究，本研究认为，未来对公务员工资水平决定机制、公务员工资制度的研究应重点关注以下几点：

第一，加强对我国公务员工资“真实世界”的研究。我国公务员工资管理处于较为封闭和保密的状态，而公务员工资的复杂性却比较高。由于缺乏真实的数据和实地的访谈，使得我国中央和地方公务员真实的工资水平仍然处于较为黑箱的状态。这也导致以往的研究较多从纯文本出发，讨论公务员工资的“应然”状态。公务员工资研究的可能突破在于，我国公务员工资管理大体上中央统一的管理制度，不同的政府机构面临的问题也都非常类似，所以通过对公务员工资管理过程各个参与者的活动进行详细的观察和访谈、收集并分析数据等方式，采取案例研究、问卷调查等方法，就有可能以点带面、尽可能地在法律的范围内为我们打开公务员工资的黑箱状态，了解公务员工资管理的真实环境和真实状况。

第二，细化公务员工资水平决定机制的研究。由于本研究属于较为探索性的研究，偏向于宏观层面的制度构建，未来的研究应加强公务员水平决定机制的细化和专项研究。例如，公务员与企业人员工资水平决定机制中工资调查和统计方法研究（如如何进行抽样、调查和统计分析能够符合科学有效的要求）、公务员工资和企业人员工资比较方案研究（如对标杆职位族层级比较法的验证、比较的结果如何应用到全体公务员工资水平标准的调整上）等。

第三，研究建立公务员与企业人员工资水平决定机制与当前工资制度的衔接问题。建立该项工资水平决定机制意味着对传统工资制度在某些方面的改变甚至“颠覆”，如何确保该机制能够有效地与职位级别工资制、公务员津贴补贴等制度的衔接乃至带动其发展，需要未来更加深入的研究。

参考文献

中文图书文献

[1] [美] 爱德华．劳勒三世著，陈剑芬译：《组织中的激励》，中国人民大学出版社2011年版。

[2] [美] 埃文·伯曼，乔纳森·韦斯特著，肖鸣政译：《公共部门人力资源管理》，中国人民大学出版社2008年版。

[3] [英] 波利特、[比利时] 鲍克尔特著，夏镇平译：《公共管理改革：比较分析》，上海译文出版社2003年版。

[4]《当代中国》丛书编辑部编辑：《当代中国的人事管理（下）》，当代中国出版社1994年版。

[5] 丁煌：《西方行政学理论概要（第二版）》，中国人民大学出版社2011年版。

[6] 董克用、李超平：《人力资源管理概论（第三版）》，中国人民大学出版社2013年版。

[7] [美] 弗雷德雷克．泰勒著，马风才译：《科学管理原理》，机械工业出版社2007年版。

[8] [加] 亨利·明茨伯格著，方海萍译：《管理工作的本质》，中国人民大学出版社2007年版。

[9] 李文良：《美国政府运行机制》，吉林大学出版社2008年版。

[10] [美] 诺伊等著，刘昕译：《人力资源管理：赢得竞争优势》，中国人民大学出版社2013年版。

[11] [澳] 欧文·休斯著，张成福译：《公共管理导论》，中国人民大学出版社2007年版。

［12］熊通成：《公务员工资收入地区差距研究》，中国人事出版社 2014 年版。

［13］杨兵杰：《中国近代公务员工资制度思想研究》，上海财经大学出版社 2006 年版。

［14］李如海：《公务员制度概论》，中国人民大学出版社 2014 年版。

［15］苏海南、杨燕绥等著：《中国公务员福利制度改革》，中国财政经济出版社 2008 年版。

［16］舒放、王克良：《国家公务员制度（第三版）》，中国人民大学出版社 2014 年版。

［17］毛飞：《中国公务员工资制度改革研究》，中国社会科学出版社 2008 年版。

［18］景亭：《中国公务员职业化研究》，南京师范大学出版社 2009 年版。

［19］贺晨、孙杰：《公务员绩效工资制度：国际实践与中国应用》，经济管理出版社 2012 年版。

［20］［美］加里·德斯勒著，刘昕译：《人力资源管理（第 12 版）》，中国人民大学出版社 2012 年版。

［21］林文灿《公务人员待遇调整制度之研究》，中国台湾“行政院”人事行政局研究报告 2010 年版。

［22］刘昕：《薪酬管理（第四版）》，中国人民大学出版社 2014 年版。

［23］刘昕：《人力资源管理》，中国人民大学出版社 2012 年版。

［24］刘艳良：《公共部门薪酬水平平衡比较》，中国人事出版社 2011 年版。

［25］［美］罗纳德·伊兰伯格、罗伯特·史密斯著，董克用、刘昕译：《现代劳动经济学：理论与公共政策（第 10 版）》，中国人民大学出版社 2011 年版。

［26］［奥］马利克著，李亚等译．管理成就生活［M］．北京：机械工业出版社，2013.

［27］［美］乔治·米尔科维奇、杰里·纽曼，巴里·格哈特著，成得礼译：《薪酬管理（第 11 版）》，中国人民大学出版社 2014 年版。

［28］孙柏瑛、祁光华：《公共部门人力资源开发与管理》，中国人民大学出版社 2009 年版。

［29］汪大海：《西方公共管理名著导读》，中国人民大学出版社 2011 年版。

[30] 吴志华:《美国公务员制度的改革与转型》，上海交通大学出版社 2006 年版。

[31] 吴志华:《当今国外公务员制度》，上海交通大学出版社 2006 年版。

[32] 吴志华:《我国公共部门人力资源管理改革》，上海交通大学出版社年版。

[33] [美] 詹姆斯·费斯勒、唐纳德·凯特尔著，陈振明、朱芳芳译:《公共行政学新论——行政过程的政治（第二版)》，中国人民大学 2013 年版。

[34] 张力:《中国公务员工资收入决定机制转换研究》，首都经济贸易大学出版社 2008 年版。

中文期刊文献

[35] 丁煌:《公共选择理论的政策失败论及其对我国政府管理的启示》，载于《南京社会科学》2000 年第 3 期，第 44 ~ 49 页。

[36] 巫强:《大学毕业生起薪决定因素研究》，载于《山西财经大学学报(高等教育版)》2010 年第 13 期，第 5 ~ 11 页。

[37] 胡浩志、卢现祥:《企业专用性人力资本与员工工资——基于 CGSS 的实证研究》，载于《北京师范大学学报（社会科学版)》，2011 年第 2 期，第 126 ~ 132 页。

[38] 陆云航、刘文忻:《民营制造业中的企业规模 - 工资效应》，载于《经济理论与经济管理》2010 年第 6 期，第 73 ~ 79 页。

[39] 彭征波:《企业规模、所有制与工资》，载于《山西财经大学学报》2006 年第 6 期，第 8 ~ 16 页。

[40] 李晓宁、邱长溶:《转轨时期中国行业工资差距的实证研究》，载于《山西财经大学学报》2007 年第 29 期，第 48 ~ 54 页。

[41] 张原、陈建奇:《人力资本还是行业特征: 中国行业间工资回报差异的成因分析》，载于《世界经济》2008 年第 15 期，第 68 ~ 80 页。

[42] 陈彦玲、陈首丽:《国有垄断行业职工收入水平基本分析》，载于《统计研究》2002 年第 8 期，第 76 ~ 77 页。

[43] 杜丽敏:《薪酬，如何不“心愁”? ——太和顾问 2010 薪酬调查报告解析》，载于《人力资源管理》2011 年第 3 期，第 6 ~ 17 页。

[44] 王小勇:《市场潜力、外部性与中国地区工资差异》，载于《南方经

济》2006 年第 5 期，第 46 ~ 54 页。

[45] 李晓宁：《工资差异的国内研究综述》，载于《首都经贸大学学报》2007 年第 3 期，第 109 ~ 114 页。

[46] 冉棋文、王胜华、吴明星：《全面薪酬战略——知识型员工激励机制》，载于《西南交通大学学报（社会科学版）》，2004 年第 1 期，第 37 ~ 41 页。

[47] 张建红，Elhorst，J. P.，Witteloostuijn，A. V.：《中国地区工资水平差异的影响因素分析经济研究》2006.

[48] 王梅等：《典型发达国家公务员工资结构及其借鉴》，载于《第一资源》2013 年第 8 期，第 37 ~ 49 页。

[49] 杨宏山：《宪政主义、管理主义和政策主义》，载于《国家行政学院学报》2004 年第 1 期，第 33 ~ 37 页。

[50] 冉棋文、王胜华、吴明星：《全面薪酬战略》，载于《西南交通大学学报（社会科学版）》2004 年第 1 期，第 37 ~ 41 页。

[51] 薛琴：《全面薪酬理论及其对企业员工激励的启示》，载于《企业经济》2007 年第 8 期，第 27 ~ 29 页。

[52] 刘昕：《完善我国公务员工资制度的几点建议》，载于《中国人力资源开发》2007 年第 10 期，第 65 ~ 68 页。

[53] 孙琳：《对公务员薪酬制度改革的思考》，载于《学习与探索》2005 年第 6 期，第 66 ~ 69 页。

[54] 王萍：《中美公务员工资制度研究与启示》，载于《财政研究》2012 年第 6 期，第 78 ~ 80 页。

[55] 刘毅：《美国联邦政府公务员工资制度研究及启示》，载于《中国人力资源开发》2005 年第 11 期，第 95 ~ 98 页。

[56] 毛艾琳：《美国公务员工资调整机制及其启示》，载于《四川行政学院学报》2014 年第 2 期，第 38 ~ 42 页。

[57] 毛爱琳：《政府公务员与企业职工工资比较方法研究》，载于《安徽行政学院学报》2014 年第 6 期，第 22 ~ 28 页。

[58] 胡卫：《英国高级公务员薪酬管理制度改革的最新进展》，载于《外国经济与管理》2004 年第 4 期，第 28 ~ 32 页。

[59] 刘昌黎：《日本控制国家公务员和公共企事业薪酬的做法与成效》，载

于《现代日本经济》2010 年第 4 期，第 28 ~ 34 页。

［60］翁文先、李兵：《浅析我国公务员薪酬定价困境》，载于《甘肃社会科学》2003 年第 5 期，第 76 ~ 77 页。

［61］丁进：《公务员工资水平调查战略对策研究》，载于《中国行政管理》2009 年第 5 期，第 11 ~ 13 页。

［62］王丹：《科学合理确定我国公务员工资水平的路径探讨》，载于《中国行政管理》2011 年第 11 期，第 46 ~ 48 页。

［63］韩锐、李景平：《公务员薪酬公平感、满意度对行为绩效的影响》，载于《经济体制改革》2013 年第 3 期，第 34 ~ 37 页。

［64］胡卫、陈立中：《基于绩效的公务员薪酬制度改革研究》，载于《中国行政管理》2008 年第 2 期，第 108 ~ 111 页。

［65］王世彤、王文玲：《借鉴宽带薪酬制与改革公务员职级工资制新探》，载于《现代财经（天津财经大学学报）》2006 年第 5 期，第 78 ~ 80 页。

［66］张广科：《行政机关公务员薪酬公平及其影响因素研究》，载于《统计研究》2012 年第 1 期，第 92 ~ 95 页。

［67］熊通成、曾湘泉：《地方财力、分配决策与公务员工资收入地区差距的实证分析》，载于《统计与决策》2014 年第 19 期，第 95 ~ 99 页。

［68］刘卉、孙剑平、李鹏：《我国公务员薪酬水平的影响因素分析》，载于《统计与决策》2012 年第 15 期，第 123 ~ 126 页。

［69］刘卉、孙剑平、牛冲槐：《美国公务员薪酬水平影响因素分析及其启示》，载于《生产力研究》2011 年第 12 期，第 196 ~ 198 页。

［70］毛飞、王梅：《公务员工资分配思想史考察》，载于《生产力研究》2009 年第 12 期，第 25 ~ 28 页。

［71］何凤秋：《公务员工资水平平衡比较理论与应用》，载于《中国人才》2008 年第 5 期，第 62 ~ 64 页。

［72］董克用、王丹：《建立中国公务员工资水平调查比较机制的理论基础》，载于《中国人才》2008 年第 15 期，第 10 ~ 13 页。

［73］刘桂芝、薛方晓：《公务员工资水平公平性不足的争论及改进策略》，载于《当代经济研究》2010 年第 12 期，第 59 ~ 62 页。

［74］谢海虹，孙剑平：《我国公务员工资水平市场对比方法设计研究》，载

于《华东经济管理》2012 年第 1 期，第 139 ~ 144 页。

[75] 王世彤、李楠：《公务员薪酬水平的市场比对方法研究》，载于《社会科学家》2009 年第 3 期，第 120 ~ 122 页。

[76] 熊通成：《公务员工资调查比较的简易匹配技术探索》，载于《第一资源》2013 年第 8 期，第 13 ~ 25 页。

[77] 刘昕、柴茂昌、董克用：《新加坡公务员薪酬平衡比较机制及其启示》，载于《经济社会体制比较》2014 年第 4 期，第 59 ~ 67 页。

[78] 沈瞿和：《浅析公务员工资的衡平及合理增长保障机制》，载于《中共福建省委党校学报》2014 年第 6 期，第 51 ~ 58 页。

[79] 李松：《厘清公务员“合法”收入》，载于《决策探索》2011 年第 4 期，第 26 ~ 28 页。

[80] 杨力行、张露：《我国公务员地区间收入差距及其评估》，载于《中国行政管理》2010 年，第 4 期，第 89 ~ 91 页

[81] 张力、袁伦渠：《公务员工资制度改革需要新思路》，载于《中国国情国力》2007 年第 5 期，第 31 ~ 33 页。

[82] 张力、冯奎：《我国公务员的福利制度货币化改革趋势初探》，载于《生产力研究》2007 年第 2 期，第 81 ~ 83 页。

[83] 人民日报：《起底各省基层公务员工资：略高于各地平均工资》，载于《人民日报》2014 年 11 月 18 日。

[84] 人民日报：《“十问公务员工资改革”系列之一》，载于《人民日报》2014 年 9 月 15 日。

[85] 王晓慧：《公务员加薪倾斜基层，基本工资占比增至一半》，载于《华夏时报》2015 年 1 月 22 日。

[86] 降蕴彰：《公务员薪酬改革新一轮：谁受益更多》，载于《经济观察报》2014 年 6 月 23 日。

[87] 温薷：《北京基层公务员：工作 8 年收入破 5000 养娃都困难》，载于《新京报》2014 年 11 月 20 日。

[88] 中国网：《公务员普遍对工资不满〈公务员法〉或将修改》，载于 http://finance.china.com.cn/news/gnjj/20150105/2887400.shtml，2015 年 1 月 5 日。

[89] 庄树雄等：《深圳公务员薪资几何?》，载于《南方都市报》2015 年 1

月 21 日。

［90］肖明等：《公务员涨薪调查：结构性上调、涨幅有限》，载于《21 世纪经济报道》2015 年 1 月 22 日。

［91］尹蔚民：《基层公务员要有职业发展空间、有晋升通道》，载于新华网，http：//news. xinhuanet. com/2013 –01/08/c_ 114297832. htm，2014 年 1 月 8 日。

［92］刘昕：《让公务员的工资回归市场》，载于《21 世纪经济报道》2014 年 1 月 18 日。

英文文献

［93］Ali M. Efficiency Wages，Public Service Motivation and Effort In Malaysia：An empirical case study of Universiti Sains Malaysia ［D］. Murdoch University，2013.

［94］Baker，G.，Gibbs，M.，Holmstrom，B. The Wage of a Firm ［J］. The Quarterly Journal of Economics，1994，109（4）：921 –955.

［95］Barth，E. Firm-Specific Seniority and Wages ［J］. Journal of Labor Economics，1997，15（3）：495 –506.

［96］Becker，G. S. Investment in Human Capital：A Theoretical Analysis ［J］. Journal of Political Economy，1962，70（5）：S9 –S49.

［97］Belfield，C. R.，Wei，X. D. Employer Size-wage Effects：Evidence from Matched Employer-employee Survey Data in the UK ［J］. Applied Economics，2004，36：185 –193.

［98］Brown，C.，Medoff，J. L. The Employer Size-Wage Effect ［J］. Journal of Political Economy，1989，97（5）：1027 –1059.

［99］Brown，J. N. Why Do Wages Increase with Tenure? On-the-Job Training and Life-Cycle Wage Growth Observed within Firms ［J］. The American Economic Review，1989，79（5）：971 –991.

［100］Bender K A. The central government-private sector wage differential ［J］. Journal of Economic Surveys，1998，12（2）：177 –220.

［101］Condrey S E，Facer R L，Llorens J J. Getting It Right：How and Why We Should Compare Federal and Private Sector Compensation ［J］. Public Administration Review，2012，72（6）：784 –785.

[102] Davis T J, Gabris G T. Strategic Compensation Utilizing Efficiency Wages in the Public Sector to Achieve Desirable Organizational Outcomes [J]. Review of Public Personnel Administration, 2008, 28 (4): 327 –348.

[103] Dell'Aringa C, Lucifora C, Origo F. Public Sector Pay And Regional Competitiveness. A First Look At Regional Public-Private Wage Differentials In Italy*[J]. The Manchester School, 2007, 75 (4): 445 –478.

[104] Dickens, W. T. , Katz, L. F. Interindustry Wage Differences and Industry Characteristics [J]. National Bureau of Economic Research, 1986, Working Paper 2014.

[105] Dickens, W. T. , Katz, L. F. Inter-industry Wage Differences and Theories of Wage Determination [J]. National Bureau of Economic Research, 1987, Working Paper 2271.

[106] De Mello, L. R. Foreign Direct Investment in Developing Countries and Growth: A Selective Survey [J]. Journal of Development Studies, 1997, 34 (1): 1 –34.

[107] Dunne, T. , Schmitz, J. A. Wages, Employment Structure and Employer Size-Wage Premia: Their Relationship to Advanced –technology Usage at US Manufacturing Establishments [J]. Economica, New Series, 62 (62): 89 –107.

[108] Fogel W, Lewin D. Wage determination in the public sector [J]. Industrial and Labor Relations Review, 1974: 410 –431.

[109] Gibbons, R. , Waldman, M. Enriching a Theory of Wage and Promotion Dynamics inside Firms [J]. Journal of Labor Economics, 2006, 24 (1): 59 –107.

[110] Heckman, J. J. , Lochner, L. J. , Todd, P. E. Fifty Years of Mincer Earnings Regressions [J]. National Bureau of Economic Research, 2003, Working Paper 9732.

[111] Heitmueller A, Mavromaras K G. On The Post-Unification Development Of Public And Private Pay In Germany * [J]. The Manchester School, 2007, 75 (4): 422 –444.

[112] Hollister, M. N. Does Firm Size Matter Anymore? The New Economy and Firm Size Wage Effects [J]. American Sociological Review, 2004, 69: 659 –676.

[113] Hutchens, R. M. Seniority, Wages and Productivity: A Turbulent Decade [J]. The Journal of Economic Perspectives, 1989, 3 (4): 49 -61.

[114] Hutchens, R. M. A Test of Lazear's Theory of Delayed Payment Contracts [J]. Journal of Labor Economics, 1987, 5 (4): S153 -70.

[115] Idson, T. L. , Oi, W. Y. Workers are more productive in large firms [J]. The American Economic Review, 1999, 89 (2): 104 -108.

[116] Jovanovic, B. Job Matching and the Theory of Turnover [J]. Journal of Political Economy, 1979, 87 (5): 972 -990.

[117] Krueger, A. B. , Summers, L. H. Efficiency Wages and the Inter-industry Wage Structure [J]. Econometrica, 1988, 56 (2): 259 -293.

[118] Kelley C M. A Balanced Pay System Serves Our Nation [J]. Public Administration Review, 2012, 72 (6): 782 -783.

[119] Keefe J. Are public employees overpaid? [J]. Labor Studies Journal, 2012, 37 (1): 104 -126.

[120] Lazear E P. Agency, earnings profiles, productivity, and hours restrictions [J]. The American Economic Review, 1981: 606 -620.

[121] Lee S Y, Whitford A B. Exit, voice, loyalty, and pay: Evidence from the public workforce [J]. Journal of Public Administration Research and Theory, 2008, 18 (4): 647 -671.

[122] Llorens J J, Stazyk E C. How important are competitive wages? Exploring the impact of relative wage rates on employee turnover in state government [J]. Review of Public Personnel Administration, 2011, 31 (2): 111 -127.

[123] Lewis G B. Turnover and the quiet crisis in the federal civil service [J]. Public Administration Review, 1991: 145 -155.

[124] Marshall, R. C. , Zarkin, G. Z. The Effect of Job Tenure on Wage Offers [J]. Journal of Labor Economics, 1987, 5 (3): 301 -324.

[125] Mincer, J. Union Effects: Wages, Turnover, and Job Training [J]. National Bureau of Economic Research, 1981, Working Paper 808.

[126] Mincer, J. Union Effects: Wages, Turnover, and Job Training [J]. National Bureau of Economic Research, 1981, Working Paper 808.

[127] Miller P, Mulvey C. Unions, Firm Size and Wages*[J]. Economic Record, 1996, 72 (217): 138 -151.

[128] Milanowski A. Varieties of Knowledge and Skill-Based Pay Design [J]. education policy analysis archives, 2003, 11: 4.

[129] Odden A, Wallace Jr M J. Redesigning teacher salary structures: A handbook for state and local policy makers [C]. A handbook presented and distributed at the State Policy Forum on Teacher Compensation sponsored jointly by the Education Commission of the States and the Joyce Foundation. Denver: Education Commission of the States, 2006.

[130] Perry, James L. , and Annie Hondeghem, eds. Motivation In Public Management: The Call of Public Service: the Call of Public Service. Oxford University Press, 2008.

[131] Risher H W. How Much Should Federal Employees Be Paid? [J]. Public Personnel Management, 2005, 34 (2): 121 -140.

[132] Risher H W, Fay C H. New Strategies For Public Pay: Rethinking Government Compensation Programs [M]. Jossey-Bass, 1997.

[133] Risher H. Are Public Employers Ready for aNew Pay'Program? [J]. Public Personnel Management, 1999, 28 (3): 323 -343.

[134] Rynes S L, Milkovich G T. Wage surveys: Dispelling some myths about the "Market Wage" [J]. Personnel Psychology, 1986, 39 (1): 71 -90.

[135] Slaughter, S. A. , Sandra, et al. Firm - specific Human Capital and Compensation Organizational Tenure Profiles: An Archival Analysis of Salary Data for IT Professionals [J]. Human Resource Management, 46 (3): 373 -394.

[136] Selden S C, Moynihan D P. A model of voluntary turnover in state government [J]. Review of Public Personnel Administration, 2000, 20 (2): 63 -74.

[137] Smith S P. Pay differentials between federal government and private sector workers [J]. Indus. & Lab. Rel. Rev. , 1975, 29: 179.

[138] Smith S P. [Pay Differentials between Federal Government and Private Sector Workers]: Reply [J]. Industrial and Labor Relations Review, 1977: 82 -87.

[139] Topel, R. T. Specific Capital, Mobility, and Wages: Wages Rise with Job

Seniority [J]. Journal of Political Economy, 1991, 99: 76 - 145.

[140] Troske, Kenneth, R. Evidence on the Employer Size-Wage Premium from Worker-Establishment Matched Data [J]. Review of Economics and Statistics, 1999, (81): 15 - 26.

[141] 0Taylor J, Taylor R.. Working Hard for More Money or Working Hard to Make a Difference? Efficiency Wages, Public Service Motivation, and Effort [J]. Review of Public Personnel Administration, 2011, 31 (1): 67 - 86.

[142] Tiagi R. Public sector wage premium in Canada: evidence from labour force survey [J]. Labour, 2010, 24 (4): 456 - 473.

[143] OPM. Report on Locality-based Comparability Payments for the General Schedule [EB/OL]. (2013 - 05 - 07) [2013 - 12 - 26]. http://www.opm.gov/policy-data-oversight/pay-leave/pay-systems/general-schedule/pay-agent-reports/2010report.pdf.